Was sind die Themen, die uns 2018 beschäftigen werden?

»Denk mal! 2018« versammelt aktuelle Texte aus den Bereichen Kultur, Philosophie und Wissenschaft – geschrieben von einigen der klügsten Köpfe unserer Gegenwart, u. a. von Carolin Emcke, Remo H. Largo, Christine Ott, Charlotte Klonk, Ilija Trojanow, Harald Welzer und Andre Wilkens. Die Themen sind u. a. die aktuelle Lage Europas, der Ruf des deutschen Essens, Nutztierhaltung, die Geschichte der Bibelübersetzung, Freundschaft und Individualität sowie der Umgang mit Terrorbildern. Sie bieten uns ein breites Spektrum an Ideen, Impulsen und Anregungen zum Nachdenken. Dabei beschäftigen sie sich mit den wichtigsten Themen unserer Zeit und sind Wegbegleiter für das ganze Jahr.

Weitere Informationen finden Sie auf www.fischerverlage.de

Denk mal! 2018

ANREGUNGEN VON
CAROLIN EMCKE,
HARALD WELZER,
ANDRE WILKENS,
REMO H. LARGO,
ILIJA TROJANOW
u. a.

FISCHER Taschenbuch

Originalausgabe

Erschienen bei FISCHER Taschenbuch
Frankfurt am Main, September 2017

© 2017 S. Fischer Verlag GmbH, Hedderichstr. 114,
D-60596 Frankfurt am Main

Satz: Dörlemann Satz, Lemförde
Druck und Bindung: CPI books GmbH, Leck
Printed in Germany
ISBN 978-3-596-29971-3

INHALTSVERZEICHNIS

RAINER ERLINGER
»Willkommen.
Höflichkeit zwischen den Kulturen« 7

CHARLOTTE KLONK
»Bildethik. Zum Umgang mit Terrorbildern«.... 35

ILIJA TROJANOW
»Vier Jahre Allympics« 49

MATTHIAS WOLFSCHMIDT
»Nutztierhaltung – ohne Zukunft?« 66

REMO H. LARGO
»Unsere Individualität solidarisch leben«....... 83

GÜNER YASEMIN BALCI
»Nachricht von einem Unbekannten« 91

ANDRE WILKENS
»Ein Fall für Freud« 102

ANDREAS KRAß
»Die versteckten Hemden:
Ennis del Mar und Jack Twist« 124

CHRISTINE OTT
»La deutsche Vita: Ist das Essen in Deutschland wirklich so schlecht?« 141

KARL-HEINZ GÖTTERT
»Die hebräische Bibel« 168

HARALD WELZER
»Überwachung« 186

CAROLIN EMCKE
»Homogen« 194

Anhang 217

RAINER ERLINGER
»Willkommen«

Höflichkeit zwischen den Kulturen

Im Herbst 2015 geschah in Deutschland etwas Überraschendes. Über Monate, ja Jahre waren die Nachrichten zum Thema Ausländer, Flüchtlinge, Asylsuchende, Zuwanderer von schrecklichen Bildern geprägt worden: Demonstrationen gegen Ausländer, Großdemonstrationen zur Verteidigung des Abendlandes vor Ausländern, Demonstrationen gegen Flüchtlingsheime, geplante und bestehende, Übergriffe auf Ausländer und, besonders schrecklich, brennende Häuser, in denen Menschen lebten oder leben sollten, Flüchtlingsheime. In den sozialen Medien machten sich Beiträge breit, die von offener Ablehnung gegenüber Ausländern, speziell Flüchtlingen, bis hin zu solchen reichten, die den Straftatbestand der Volksverhetzung erfüllten. Es schien, als würde sich diese Stimmung immer breiter machen.

Dazu trug sicherlich bei, dass der Flüchtlingsstrom aus einigen Ländern des Mittleren Ostens und Nordafrika immer mehr zunahm. Länder, in denen Diktatoren gestürzt worden waren oder in denen Bürgerkrieg herrschte. Hinzu kam noch eine große Zahl von Asylbewerbern aus Balkanstaaten. An den Rändern Europas hatte sich die Lage immer mehr verschärft, vor allem aus Syrien setzte sich nach etlichen Jahren

Bürgerkrieg und Flucht innerhalb des Landes und in die Nachbarländer langsam, aber stetig zunehmend eine Welle von Flüchtlingen in Bewegung. Diese kamen auf verschiedenen Wegen auch in Deutschland an, wo die zunehmend überforderten Behörden versuchten, dem Ansturm Herr zu werden. Währenddessen wurde die Lage an den Südgrenzen Europas immer kritischer, die Versorgung der Flüchtlinge drohte zusammenzubrechen oder brach teilweise zusammen, viele ertranken beim Versuch, das Mittelmeer zu überqueren. Mehr und mehr kam es auch in Deutschland zu Engpässen bei Versorgung und Unterkunft, Flüchtlinge übernachteten im Freien vor den zuständigen Behörden. Gleichzeitig begannen immer mehr Bürger, Flüchtlingen, die hier angekommen waren, aus freien Stücken ehrenamtlich und durch Spenden zu helfen.

Die Stimmung ändert sich

Irgendwann kippte die Stimmung, und plötzlich gerieten die Gegner der Flüchtlinge in der Öffentlichkeit, in den Medien, aber, wie es schien, auch tatsächlich in der Einstellung der Bevölkerung in die Minderheit. Am Anfang konnte man innerhalb einer Nachrichtensendung Berichte über freiwillige Helfer an Bahnhöfen und brennende geplante Unterkünfte sehen, dann aber irgendwann nur mehr die Helfer. In diesem Zeitraum reagierte auch die Politik, und Bundeskanzlerin Angela Merkel verkündete, dass Deutschland die Flüchtlinge, die aus humanitären Gründen, weil sie vor Krieg in ihrer Heimat, speziell dem Bürgerkrieg in Syrien, fliehen wollen, aufnimmt. »Wir schaffen das« war die Devise, die sie ausgab. Innerhalb weniger Tage und Wochen kamen vor allem am Münchner Hauptbahnhof Hunderttausende von Flüchtlingen an, die dort versorgt und untergebracht wurden. Teilweise mehr als 10 000 Menschen an einem Tag, jeden Tag eine Kleinstadt, wie die Verantwortlichen erklärten, als sie versuchten klarzumachen, was das logistisch bedeutet.

Möglich war das unter anderem auch wegen der vielen freiwilligen Helfer und der Spenden der Bevölkerung. Trotz der immensen Zahlen musste die Münchner Polizei irgendwann die Bürger bitten, keine Spenden mehr an den Bahnhof zu bringen, man könne das Aufkommen nicht mehr bewältigen. Die Medien in Deutschland, Europa und der Welt waren am Anfang etwas verwundert über den plötzlichen Umschwung in der deutschen Politik, aber auch über das reibungslose Funktionieren der Abläufe am Münchner Hauptbahnhof.

Die Macht der Bilder

Hinzu kam aber noch etwas anderes. Es waren weniger Berichte oder Bilder von der logistischen Großleistung, den Bussen, den medizinischen Untersuchungen, der Registrierung und der Unterbringung in den Notquartieren, die buchstäblich aus dem Boden gestampft wurden, die weltweit Eindruck machten. Es waren andere Bilder: Münchner Bürger standen mit handgeschriebenen Schildern an den Absperrungen, auf denen »Welcome« oder »Refugees welcome« stand. Freiwillige Helfer drückten Kindern auf dem Arm ihrer Eltern Plüschtiere in die Hand. Ein besonderes Bild machte die Runde durch die Medien weltweit: Ein bayerischer Polizist mit Funkgerät und Knopf im Ohr geht vor einem kleinen Jungen in die Knie, der die ihm viel zu große Polizeimütze aufhat und lacht.

Die Zeit wird zeigen müssen, inwiefern diese Stimmung anhält und auf welche Weise Deutschland das schaffen wird, wie Angela Merkel ankündigte. Gerade was die Stimmung angeht, gab es von Anfang an warnende Stimmen, die meinten, das würde nicht lange halten und womöglich umschlagen. Dass derartige Stimmungen, gerade Begeisterungen, nicht lange halten, sondern abebben und sich Menschen vielleicht etwas Neuem zuwenden, weiß man. Dass es nicht umschlägt und die ausländerfeindlichen Stimmen nicht wieder die Oberhand gewinnen, kann man nur hoffen. Wie es innenpolitisch in Bezug auf Europa und auch im Hinblick auf die Flüchtlingsströme insgesamt weitergehen wird, wird man abwarten müssen.

Das ist auch nicht das Thema hier. Man kann, wie es auch in Deutschland zu dieser Zeit zu hören war und ist und sicher noch intensiver zu hören sein wird, der Meinung sein, die Entscheidung Angela Merkels, zu verkünden, Deutschland werde die Flüchtlinge aufnehmen, sei falsch gewesen. Das ist eine politische Frage und vor allem eine Frage der Pflicht, in Notfällen zu helfen, und wie weit diese Pflicht einerseits gehen muss und andererseits gehen kann.[1] Das Besondere, um das es hier gehen soll, ist jedoch, wie die Flüchtlinge willkommen geheißen wurden.

Viele Kommentatoren schrieben, diese wenigen Tage hätten das Bild Deutschlands in der Welt auf Dauer verändert. Das könnte fast stimmen, aber was war es genau, das dieses Bild verändert hat? Ich glaube, es war neben der Tatsache, *dass* die Flüchtlinge aufgenommen wurden, vor allem die Art und Weise, *wie* die Flüchtlinge, die von allen Ländern wie eine Plage behandelt wurden, von den Bürgern begrüßt wurden. Und die Bilder, die das zeigten.

Stimme aus Griechenland

Zur allgemeinen Überraschung fand sich eine Stimme unter denen, die ein neues positives Bild Deutschlands feststellten, die vorher nicht gerade durch übertriebene Deutschfreundlichkeit aufgefallen war: die des zeitweiligen griechischen Finanzministers Giannis Varoufakis. Natürlich stellte er erneut klar, dass er in den fiskalischen Auseinandersetzungen um Griechenland recht gehabt hatte und Deutschland unrecht und dass Deutschland die Moral, die es beim Umgang mit den Flüchtlingen gezeigt, auch in der Finanzkrise mit Griechenland anwenden sollte. Und vor allem sollte Deutschland endlich seinen Vorschlägen folgen. Dieser Schluss ist nun nicht so überraschend, hier interessant ist jedoch seine genauere Begründung, wo er die Moral gesehen habe:

> Ein Land jedoch ragte heraus und bewies moralische Führungskraft in dieser Angelegenheit: Deutschland. Der Anblick Tausender von Deutschen, die unglückliche Flüchtlinge willkommen hießen, welche von verschiedenen anderen europäischen Ländern abgewiesen worden waren, war etwas, was man würdigen und woraus man Hoffnung schöpfen konnte. Hoffnung, dass Europas Seele nicht gänzlich verschwunden sei.

Auch Varoufakis verweist auf die Bilder derjenigen, welche die Flüchtlinge willkommen hießen. Das mag nun ein Seitenhieb auf die deutschen Politiker sein, von denen sich Varoufakis in den Verhandlungen besonders gedemütigt gefühlt hatte, aber er zollt zumindest an einer Stelle auch ausdrücklich Angela Merkel Respekt. Ich glaube jedoch, es liegt an der Kraft dieser Bilder und an dem, was sie aussagen: die Achtung dieser Flüchtlinge als Menschen. Die Tatsache, dass ihnen nicht nur geholfen wird, sondern dass man sie höflich behandelt.

Wie gesagt, es geht mir hier nicht um eine Bewertung der Flüchtlingspolitik oder gar darum, Deutschland auf die Schulter zu klopfen. Dazu müsste man das Ganze mit viel mehr zeitlichem Abstand betrachten können, feststellen, wie lange diese positive Stimmung anhält, und vor allem auch, ob es wirklich gelingt, die momentane Hilfe in eine langfristige zu überführen und den Flüchtlingen dauerhaft zu helfen. Und feststellen, ob die Aufnahme einer so großen Menge von Menschen aus einem anderen Kulturkreis in so kurzer Zeit gesellschaftlich gelingt.

Das paradoxe Willkommen

Mir geht es darum, zu zeigen, dass neben der moralisch gebotenen Hilfe, die technisch-logistisch und administrativ erfolgt, die Begrüßung einen entscheidenden Einfluss hat. Den Fremden zu begrüßen, auch wenn man nicht unbedingt begrüßt, dass er kommt, dürfte eine der schönsten Seiten der Höflichkeit sein. Im Falle der Flüchtlinge im Herbst 2015 in Deutschland war das »Refugees welcome« sicher ehrlich und herzlich gemeint. Aber auch wenn man der Meinung wäre, dass es schon zu viele sind, dass man keine weiteren aufnehmen sollte, würde die Höflichkeit fordern, sie zu begrüßen und – so paradox es klingt – willkommen zu heißen.[2] Meines Erachtens ist das gerade einer der großen Vorzüge der Höflichkeit, dass sie nicht von der persönlichen Zuneigung abhängt. Sie hängt auch nicht davon ab, wie großzügig man ist oder welche Rechte man dem Gegenüber einräumen will. Im Grunde ist dieses Willkommenheißen die moderne Variante der archaischen Gastfreundschaft. Der Gast ist sicher als Gast, er wird aufgenommen und beherbergt, aber er bleibt Gast, aber eben nur mit den Rechten als Gast, und es wird auch erwartet, dass er weiterzieht.

#merkelstreichelt

Darin liegt ein gewisser Widerspruch: jemanden aus Höflichkeit willkommen zu heißen, auch wenn er nicht willkommen ist. Dieser Widerspruch zeigt erneut geradezu exemplarisch die Zweischneidigkeit der Höflichkeit. Wenige Wochen vor dem Anschwellen des Flüchtlingsstroms hatte sich Kanzlerin Angela Merkel in einem im Fernsehen übertragenen Bürgerforum Fragen aus der Bevölkerung gestellt. Darunter war eine palästinensische Schülerin, die seit einigen Jahren mit ihrer Familie in Rostock lebte, sehr gut Deutsch spricht und der nach Ablehnung des Asylgesuchs zusammen mit ihrer Familie nun die Abschiebung drohte. Angela Merkel sprach sehr deutlich und machte – anders als es vielleicht andere Politiker getan hätten, um sich menschlich zu geben – keine Versprechungen, sondern verwies auf die Gesetzeslage und sagte: »Politik ist manchmal hart.« Als die Schülerin am Ende weinte, ging Angela Merkel zu ihr, streichelte sie etwas hölzern und unbeholfen und meinte, das habe sie doch prima gemacht.[3]

Natürlich ging im Internet sofort die übliche Welle los, in der sich viele lustig darüber machten, unter #merkelstreichelt. Ein Beitrag von deutlich besserer Qualität kam jedoch von dem Kölner Comiczeichner Ralf König. Er schrieb in seinem Facebook-Account, dass er, wenn man sich das ganze Video ungekürzt ansehe, Merkels Ausführungen nicht so überraschend finde. Bei dem unbeholfenen »Gestreichel« am Ende sei ihm allerdings ein Cartoon hochgekommen.[4] Dieser zeigt in Ralf Königs typischer Art, in der alle Menschen Knollnasen haben, eine Situation in einem Amtszimmer. Ein Ehepaar mit Baby auf dem Arm, alle drei mit schwarzer Hautfarbe, sie mit krausem Haar, sitzen vor dem Schreibtisch, die Frau weint, während ein Behördenmitarbeiter mit Krawatte den Mann an der Schulter streichelt und den Merkelschen Originalton spricht: »Och, komm ... Du hast das doch prima gemacht ...« Ein anderer Mitarbeiter sagt zu der überraschten Sachbearbeiterin am Computer: »Neue Richtlinie aus dem Kanzleramt: Jeder Flüchtling wird vor der Abschiebung kurz gestreichelt!«

Ralf König hat mit diesem Cartoon das Problem sehr scharfsinnig analysiert. Abgesehen davon, dass er Angela Merkels Unbeholfenheit aufspießt, zeigt er den Widerspruch: Wie ist es zu bewerten, zu Menschen, deren existentieller Bitte, hier nach Aufnahme in einem politisch oder auch wirtschaftlich sicheren Land, man nicht nachkommt, höflich oder freundlich zu sein? Ist das richtig und sogar geboten oder heuchlerisch und insofern geradezu perfide? Sollte man sagen: Seien Sie nicht so scheißfreundlich, wenn Sie die Menschen rausschmeißen? Oder sollte man es so sehen, dass man sie auch in einer derartigen Situation menschlich, das heißt als Menschen behandelt? (Was ich für richtig halte.) Ich glaube, selten erkennt man die Zwiespältigkeit der Höflichkeit besser. Höflichkeit ist nun einmal Form. Auch wenn sie den Inhalt der Achtung vor dem Gegenüber transportiert, bleibt sie Form. Umgangstugend, nicht Inhalt.

Nebenbei bemerkt, werde ich das Gefühl nicht los, dass dieses Erlebnis und dieser innere Widerspruch mit zu Frau Merkels überraschender Entscheidung geführt hat, die Grenzen für die Flüchtlinge zu öffnen. Ob das so war, wird man vielleicht einmal in ihren Memoiren erfahren. Oder auch nie.

Höflichkeit interkulturell

Vielleicht verschlägt es einige der Flüchtlinge, die in diesen Tagen in Deutschland ankamen, weiter nach Japan, etwa weil sie dort Verwandte haben. Vielleicht besuchen einige von ihnen dort neben Sprachkursen auch einen Integrationskurs über Kultur und Etikette des Landes. In diesem Kurs könnten sie dann erfahren, dass man in Japan, wenn man vorgestellt wird, die Visitenkarte mit zwei Händen überreicht und auch mit zwei Händen entgegennimmt und keinesfalls gleich einstecken darf. Und dass es üblich ist, am Ende eines geschäftlichen Meetings der ältesten Person ein kleines Präsent zu überreichen. So zumindest kann man in entsprechenden Ratgebern für Etikette in Japan lesen.[5] Vielleicht würde die Lehrerin oder der Lehrer in dem Kurs dann, um die Schüler einzubinden, fragen, ob sie wüssten, wie das denn in anderen Ländern üblich sei. Und diejenigen, die im Herbst 2015 über Deutschland nach Japan gekommen sind, würden dann vielleicht erzählen, dass man das in Deutschland ganz anders mache. Dort sei es üblich, Fremde mit hochgehaltenen Schildern mit »Welcome« zu begrüßen und den Jüngsten, den Kindern, gleich am Anfang ein Plüschtier in die Hand zu drücken.

Ich will mich damit keinesfalls über diese schönen Gesten der Begrüßung lustig machen, im Gegenteil. Ich will damit etwas anderes zeigen. Worum es mir geht, ist, dass dieser Ausdruck der Achtung eben gerade nicht in den üblichen Mustern der Höflichkeit geschehen muss. Ja, vielleicht waren diese Gesten gerade deshalb so stark, weil sie nicht diesen Mustern folgten. Eigentlich das Gegenteil von den Verhaltensweisen, die man in allen Ratgebern als üblich in dem Land lernt. Nicht nur deshalb habe ich zu diesem Wissen über Höflichkeitsrituale in verschiedenen Kulturen und Ländern ein zwiespältiges Verhältnis.

Die Excel-Tabelle

Ich halte die Ausformungen der Höflichkeit in den verschiedenen Kulturen für interessant, aber am Ende des Tages sehe ich sie in ihrer Gesamtheit wie eine große Excel-Tabelle. Ein großes Blatt in dem bekannten Tabellenkalkulationsprogramm mit unendlich vielen Spalten und Zeilen, in das man alles eintragen und verknüpfen kann. Eine Fülle von Daten, aus denen man sich einzelne herausziehen kann, wenn man sie braucht, und dann auch froh darüber ist, dass man sie findet. Aber insgesamt will man sie weder lesen noch sich vertieft mit ihnen beschäftigen oder die Daten einpflegen. Ähnlich wie ein Telefonbuch, das möchte auch niemand durchlesen oder schreiben, aber dennoch benutzen, wenn man eine Nummer braucht.

So ist es auch mit der fast unerschöpflichen Fülle von Landesspezifika der Höflichkeit. Wenn man Kontakt zu einem fremden Kulturkreis bekommt, vor allem wenn man das Land bereist oder dort Geschäfte machen möchte, ist es sehr sinnvoll, sich über die »dos and don'ts«, das, was man tun und was man unterlassen sollte, informieren zu können. Es ist auch nicht besonders schwer, an derartige Informationen zu gelangen. Einige Benimmratgeber haben Anhänge oder Kapitel »Benehmen weltweit«.[6] Die meisten Reiseführer verweisen auf Besonderheiten des jeweiligen Landes, sinnvollerweise oft mit einem Schwerpunkt darauf, was man nicht tun und wie viel Trinkgeld man geben sollte. Am einfachsten aber geht es, wie so oft bei Detailwissen, im Internet. Man setzt sich an den Computer und tippt in das Eingabefeld einer Suchmaschine den Namen des Landes und »Etikette« oder besser noch, schließlich geht es ja um internationale Höflichkeit, den Namen des Landes auf Englisch und »etiquette«. Und schon hat man eine Auswahl von Webseiten mit allen notwendigen Informationen.

Die abgelaufene Zeit

Insofern wundert man sich ein wenig über eine Nachricht, die im Januar 2015 durch die Medien[7] lief: Die britische Transportministerin Lady Kramer hatte bei einem Besuch in Taiwan dem Bürgermeister von Taipeh Ko Wen-je als Gastgeschenk eine Armbanduhr mitgebracht. Offenbar war sie ahnungslos, dass das Verschenken von Uhren in der chinesischen Kultur ein Tabu darstellt, weil »eine Uhr geben« und »an der Beisetzung einer alten Person teilnehmen« ähnlich klingen. Der Bürgermeister reagierte entsprechend pikiert und erklärte einem Reporter, er könne die Uhr nicht brauchen und werde sie vermutlich an einen Schrotthändler verkaufen. Die britische Ministerin entschuldigte sich später in einem Statement: »Es tut mir leid. Wir lernen jeden Tag etwas Neues. Ich hatte keine Ahnung, dass ein Geschenk wie dieses irgendwie anders als positiv gesehen werden könnte. In UK ist eine Uhr wertvoll – weil nichts wichtiger ist als Zeit.« Zudem sei die Uhr ein sehr besonderes Stück vom House of Lords. Umgekehrt entschuldigte sich die taiwanesische Regierung bei der Ministerin für das Verhalten des für seine lockeren Sprüche bekannten Bürgermeisters und betonte, dass das Uhrengeschenk keinen interkulturellen Ausrutscher dargestellt habe, die Ministerin deshalb nicht verlegen sein müsse.[8]

Ein wenig wundert man sich bei der Lektüre, ob denn die Protokollabteilung der britischen Regierung geschlafen hat. Man muss nur »gift«, »etiquette« und »china« in eine Suchmaschine eingeben, schon stößt man sehr schnell auf den Hinweis, man solle in China keine Uhren verschenken. Einschließlich der Begründung durch den ähnlichen Wortklang. Und die Protokollabteilung einer Regierung sollte vielleicht noch über andere Quellen verfügen. Vermutlich hätte ein einfacher Anruf in der britischen Botschaft vor Ort ausgereicht.

Dennoch hat die Ministerin in ihrem Statement den Nagel auf den Kopf getroffen: Wir lernen jeden Tag etwas Neues. Mit anderen Worten: Man kann nicht alles wissen. Was für die Fülle von Höflichkeitskonventionen in anderen Ländern ganz besonders gilt. Das Wissen darüber ist eine große Excel-Tabelle. Die man nicht auswendig lernen will, kann und muss. Man sollte aber nichtsdestotrotz dort nachsehen. Denn das zu tun, sich diese Mühe zu machen, ist die eigentliche Höflichkeit.

Der Nutzen der Excel-Tabelle

Warum nun das Bild der Excel-Tabelle statt dem des Telefonbuchs, aus dem man auch Detailinformationen bekommt? Nicht weil es moderner klingt, sondern aus einem bestimmten Grund: Die Excel-Tabelle ist zwar unübersichtlicher als das einfach nach dem Alphabet geordnete Telefonbuch, aber in ihr kann man mit den Daten arbeiten, sie zusammenführen, vergleichen und versuchen, Strukturen zu erkennen. Und dann wird es tatsächlich interessant. Besonders in drei Richtungen. Als Erstes: übergeordnete Prinzipien der Höflichkeit zu erkennen. Als Zweites: jenseits der Höflichkeit weitere Grundzüge der unterschiedlichen Kulturen aufzudecken. Und als Drittes: aus dem Kontrast heraus einen anderen Blickwinkel auf die eigenen Konventionen zu werfen und diese so besser zu begreifen – aber auch in Frage stellen zu können.

Das Gesicht

Eines der übergeordneten Prinzipien, das man speziell in asiatischen Kulturen erkennen kann, ist die große Bedeutung des Gesichts, face. Das Phänomen, das auch der Höflichkeitstheorie der gesichtsbedrohenden Akte zugrunde liegt. »The concept of face is, of course, Chinese in origin, and the term is a literal translation of the Chinese *lien* and *mien-tzu* (...).« – Das Konzept des Gesichts ist natürlich chinesischen Ursprungs und der Begriff eine wörtliche Übersetzung des chinesischen *lien* und *mien-tzu*.[9] So der chinesische Psychologe David Yau-Fai Ho in einem bekannten Aufsatz über das Konzept des face. Tatsächlich spielt das kulturelle Konzept des face eine große Rolle im chinesischen Leben, und stark vereinfacht könnte man sagen, der schlimmste Fauxpas, den man in der chinesischen Kultur, aber auch anderen asiatischen Kulturen begehen kann, ist, etwas zu tun, was beim Gegenüber zu einem Gesichtsverlust führt. Westliche Besucher sind oft sehr irritiert davon, welche Bedeutung das Gesicht oder der Gesichtsverlust in asiatischen Ländern haben. Das zu verstehen hilft jedoch viel mehr, als zu wissen, dass die Zahl vier Unglück bringen, dass man die Essstäbchen nicht in der Reisschüssel stecken lassen oder keine Uhren schenken soll. Die große Bedeutung, die das Konzept des face in asiatischen Ländern und in der dortigen Höflichkeitskultur hat, kann aber auch helfen, Höflichkeit in anderen Höflichkeitskulturen, speziell auch der unseren, besser zu verstehen oder anzuwenden.

Denn auch wenn das Konzept des face in der westlichen Kultur nicht dieselbe Bedeutung hat wie in der östlichen und südlichen, ist es hierzulande nicht bedeutungslos. Das führt nun vielleicht ein wenig weg von der Höflichkeit, scheint mir aber ein logischer Schritt zu sein. Denn das Konzept des face ist logischerweise in einer Kultur, die es nicht so ausgeprägt achtet, dann von Bedeutung, wenn das Gesicht besonders bedroht ist. Und das ist in Konfliktsituationen der Fall: wenn es Gewinner und Verlierer geben kann, Überlegene und Unterlegene. Auch hierzulande ist es in vielen Situationen ein sehr sinnvolles Mittel zur Vermeidung und Lösung von Konflikten, einen Weg zu suchen, der allen Beteiligten ihr Gesicht zu wahren hilft. Das gilt sowohl für die Art, wie man miteinander spricht, als auch für das Ergebnis. So kann es sinnvoll sein, in Nachbarschaftsstreiten selbst dann, wenn man vollkommen im Recht ist, einem Vergleich zuzustimmen. Nicht zu unterliegen hilft dem Nachbarn, das Gesicht zu wahren, und schließlich muss man weiterhin neben und mit diesem Nachbarn leben. In vielen Situationen ist es ein guter Weg, dem Gegenüber zunächst zu signalisieren, dass man seine Position respektiert und sie ihm nicht streitig machen will. Danach kann man meist wesentlich leichter über Inhalte sprechen und verhandeln, weil das Gegenüber dann nachgeben kann, ohne sein Gesicht zu verlieren. Er kann sich dann großzügig zeigen statt bedrängt fühlen. Das, was man dabei von der Höflichkeit und dem Konzept des face lernen kann, ist, dass das, was zum Gesichtsverlust führt, in erster Linie oft die Form ist und erst in zweiter Linie der Inhalt. Man kann also über eine Änderung der Form den Konflikt beeinflussen, ihn vermeiden oder lösen.

Erkenntnisse über die Kulturen

Es lassen sich jedoch aus dem Vergleich der Konventionen auch allgemeine Erkenntnisse über Kulturen gewinnen, Erkenntnisse, die der Verständigung zwischen den Kulturen ebenso dienen wie dem Verständnis der eigenen Kultur. Der Pionier auf diesem Gebiet ist der amerikanische Anthropologe Edward T. Hall. Während und nach dem Zweiten Weltkrieg analysierte er vor allem für die amerikanische Armee, deren Soldaten auf verschiedenen Kontinenten stationiert waren, die Unterschiede zwischen verschiedenen Kulturen und begründete so das Gebiet der interkulturellen Kommunikation. Speziell aus dem Kulturvergleich heraus entwickelte Hall verschiedene Konzepte für, wie er es nannte, kulturelle Dimensionen. Zwei davon sind besonders für die Höflichkeit von Bedeutung: die Proxemik, die sich mit dem Raum befasst, und die Chronemik, die Zeitauffassungen behandelt.

Proxemik

Proxemik, eher bekannt in seiner englischen Form proxemics, beschreibt in den Worten Halls die »Handhabung des Raumes seitens der Menschen als eine besondere Ausprägung von Kultur«.[10] Hall unterschied, auch aus körperlichen Funktionen wie Gesichtsfeld und Reichweite heraus, vier Distanzen, die wie Blasen den Menschen umgeben:[11] die intime Distanz (bis 45 cm), die persönliche Distanz (45 bis 120 cm), die soziale Distanz (120 bis 360 cm) und die öffentliche Distanz (mehr als 360 cm).

Daneben interessierte ihn aber vor allem, wie Menschen in unterschiedlichen Kulturen mit diesen Distanzen umgingen. So stellte er fest, dass in der Kultur des Mittleren Ostens ein Stoßen und Schieben in der Öffentlichkeit charakteristisch sei und Amerikaner die Bewohner dort als dränglerisch empfinden. Eigenartigerweise erfuhr er aber, dass umgekehrt auch die Araber Amerikaner und Nordeuropäer für dränglerisch hielten, was Hall zunächst nicht verstand: »Wie konnten Amerikaner, die beiseitestehen und jede Berührung vermeiden, als dränglerisch angesehen werden?«[12] Diese Frage konnte ihm jedoch auch vor Ort niemand beantworten, bis er durch Beobachtungen, eben den Vergleich der unterschiedlichen Handhabungen, eines Tages die Lösung fand. Hall beschreibt, wie er in Washington in einem Hotel auf einen Freund wartete und sich deshalb auf einen ruhigen Platz etwas abseits setzte.

Irgendwann kam ein ihm fremder Mann und stellte sich in der fast leeren Hotelhalle so nah neben ihn, dass er ihn beinahe berührte und Hall ihn atmen hörte. Hall sagte nichts, ließ aber durch seine Körpersprache erkennen, dass er das als unangebracht empfand, ihm so nahe zu rücken. Das schien jedoch im Gegenteil eher dazu zu führen, dass der Zudringliche noch näher rückte. Irgendwann kam eine Gruppe von Besuchern, die der Fremde begrüßte und denen er sich anschloss, er hatte offensichtlich auf sie gewartet. In dem Moment erkannte Hall an der Sprache, dass es sich um einen Araber handelte, was er zuvor nicht bemerkt hatte. Hall beschrieb den Vorfall später einem arabischen Kollegen und bemerkte, dass in ihrem Gespräch darüber zwei unterschiedliche Muster auftauchten: Hall empfand das Verhalten des fremden Mannes, der ihm so nah kam, als zudringlich; sein arabischer Kollege verwies darauf, dass es sich bei der Hotelhalle doch um einen öffentlichen Raum handle und deshalb niemand mehr Rechte an einem bestimmten Ort habe, nur weil er früher dort war. Hall hatte den Platz gewählt, weil er von dort die beiden Eingänge und den Lift sehen konnte. Genau deshalb wollte auch der Fremde dorthin, und aus seiner Sicht war jemand, der sich dort bereits aufhielt, kein Grund, sich nicht dort aufzuhalten. Im Gegenteil, der spürbare Ärger Halls habe ihn noch darin ermuntert, näher zu rücken, weil er dachte, Hall werde den Platz gleich freimachen.

Halls Erkenntnis war: Wenn einem Amerikaner an einem öffentlichen Platz jemand zu nahe komme, empfinde er das als zudringlich und versuche, seinen Platz zu verteidigen. Er fühle um sich eine Zone der Privatheit, in die Fremde im Normalfall nicht eindringen dürfen. Für einen Araber hingegen gehöre der öffentliche Raum jedem, daran ändere sich auch nichts, wenn an dieser Stelle schon jemand sitze oder stehe. Man habe daher das Recht, sich auch an diese Stelle zu bewegen, wenn man dorthin möchte, und denjenigen zu verdrängen. Das sei auch nicht dränglerisch, weil der Raum demjenigen ja nicht gehöre. Dränglerisch sei vielmehr, dann auf seinem Platz zu bestehen und sich nicht wegzubewegen, wie es eben Amerikaner machten.[13]

Auch zwischen dem Raumverständnis in den USA und Deutschland fand Hall Unterschiede. So würde in den USA niemand in die Privatsphäre etwa eines Hauses oder eines Zimmers eindringen, der noch außerhalb des Raumes steht, buchstäblich auf der Schwelle, oder den Kopf durch die Türe stecke. In Deutschland sei die Abgrenzung wesentlich stärker, man verletze die Privatsphäre schon, wenn man in einen Raum hineinblicke oder in Hörweite stehe. Deshalb gebe es in Deutschland auch wesentlich stabilere Türen, die auch schalldämpfend sein sollen. Und das erkläre auch die unterschiedliche Tradition, dass in amerikanischen Büros die Türen stets offen stünden, in Deutschland hingegen meist geschlossen würden.[14]

Monochrone und polychrone Kulturen

Daneben unterscheiden sich Kulturen aber auch in ihrem Verständnis von Zeit: die Chronemik, chronemics. Hall unterschied zwei grundsätzlich unterschiedliche Zeitkulturen, die er monochron und polychron nannte.[15] In monochronen (einzeitigen) Gesellschaften wie Nordeuropa, den USA und ganz extrem Japan wird Zeit als etwas stetig Fließendes, Einzuteilendes angesehen; alles läuft meist nach Plan streng geregelt hintereinander entlang einer einzigen Zeitleiste ab, man muss eine Sache abschließen, bevor man eine andere beginnt. In polychronen (vielzeitigen) Gesellschaften, etwa im Nahen Osten, den Mittelmeerländern und Südamerika, ziehen es die

Menschen dagegen vor, mehrere Dinge gleichzeitig zu tun; Termine haben eine geringere Bedeutung. Weil monochrone Kulturen Zeit wie eine Sache behandeln – man kann sie »verwenden«, »sparen« und »vergeuden« –, erscheine es dort, so Hall, geradezu als unmoralisch, zwei Dinge zur gleichen Zeit zu erledigen. Hall meinte auch, das monochrone System habe zwar manche Vorteile, vor allem innerhalb größerer Strukturen, was sich speziell in der Wirtschaft auswirke, der Kulturenvergleich helfe jedoch zu erkennen, dass es sich dabei um etwas Künstliches, Erlerntes handle, das die menschliche Natur verleugne.

Ich halte Erkenntnisse wie diese für viel interessanter und auch gewinnbringender, als zum Beispiel zu lesen, dass man in Argentinien oder Brasilien zu privaten Verabredungen erst 30 Minuten nach der vereinbarten Zeit erscheinen soll, in Japan jedoch stets pünktlich zu sein habe.[16] Was im Grunde genau dasselbe sagt wie Halls Theorie, nur an der Oberfläche bleibt und das System nicht durchdrungen hat. Hall bemerkt übrigens auch, dass beide Systeme unverträglich seien, sie ließen sich so wenig mischen wie Öl und Wasser. Das wiederum scheint mir von praktischer Bedeutung zu sein: Wie geht man mit Kollisionen von Höflichkeitskulturen um? Dazu später.

Der Blick von außen

Bei Hall zeichnet sich schon der dritte interessante Aspekt der Beschäftigung mit kulturellen Unterschieden der Höflichkeit ab: Aus dem Kontrast heraus kann man einen anderen Blick auf die eigenen Konventionen werfen und diese damit besser verstehen oder auch in Frage stellen.

Nicht umsonst basiert eines der erfolgreichsten, aber auch interessantesten Bücher zum Thema Höflichkeit und Benehmen der letzten Jahre in Deutschland unter anderem auf diesem Prinzip: *Manieren* von Asfa-Wossen Asserate. Asserate, Großneffe des letzten äthiopischen Kaisers Haile Selassi, wuchs als Wandler zwischen den Kulturen des äthiopischen Kaiserhofs in Addis Abeba und Deutschland auf und verstand es, das Zeremoniell und die Üblichkeiten einer Adelsfamilie den deutschen Gepflogenheiten gegenüberzustellen, aber auch viele Beispiele aus anderen Kulturen sowie aus Literatur und Geschichte einzubinden.

So stellt Asserate fest, dass in Afrika »als der deutscheste aller deutschen Gegenstände die Kuckucksuhr« galt. Ein Gegenstand, den man bei ihm zu Hause zur Freude der Kinder selbstverständlich besessen habe. Um dann überzuleiten zum deutschen Faible für Pünktlichkeit, nachdem er die Idee der Zeit von den alten Ägyptern über den äthiopischen Kaiserhof und seine Jugend dort, den Hof Ludwigs des XIV. bis zur industriellen Revolution beleuchtet hat.

Der Herzog von Guermantes

In diesem Zusammenhang berichtet Asserate von einer Geschichte[17] aus Marcel Prousts *Recherche*, der *Suche nach der verlorenen Zeit*. Dort sei der Erzähler zu spät zu einem Essen beim Herzog von Guermantes erschienen. Dieser aber habe sich als perfekter Gastgeber gezeigt: Statt ihn direkt zu Tisch zu geleiten, wo schon alle warteten, habe der Gastgeber darauf bestanden, dem Nachzügler in einem anderen Stockwerk noch einige Aquarelle zu zeigen, ganz so, als habe man alle Zeit der Welt. Damit sollte, so Asserate, die Befürchtung des Gastes zerstreut werden, er habe die Gesellschaft aufgehalten. Mir gefällt diese Stelle aus mehreren Gründen besonders gut. Zum einen wegen der Eleganz dieser Aktion, die nichts ausspricht und dennoch alles sagt. Zum anderen, weil es sicherlich keine Etikette-Regel gibt, die ein derartiges Verhalten vorsieht, was diesen Akt der Höflichkeit des Gastgebers gegenüber dem Gast noch viel wertvoller macht. Diese Geschichte zeigt, dass wahre Eleganz und Höflichkeit eben nicht in der Einhaltung der Etikette liegen, sondern jenseits von ihr oder im virtuosen Umgang, dem Spiel mit ihr. Dieses Spiel ist in diesem Fall so virtuos, dass es sogar meine Bedenken zerstreuen kann, wie man denn diese Aktion im Verhältnis zu den anderen Gästen sehen soll, die nicht nur warten mussten, sondern dabei dann auch noch von ihrem Gastgeber zugunsten eines anderen, offenbar bevorzugten Gastes allein gelassen wurden.

Was zählt?

Dieser Bericht enthält aber noch einen weiteren Gedanken, den man auf das Problem der kollidierenden Höflichkeitskulturen übertragen kann. Eines der typischen Beispiele für unterschiedliche Kulturen, der sich in jedem entsprechenden Etiketteführer finden lässt, ist, dass es in Japan ebenso wie in arabisch-muslimischen Ländern absolut üblich ist, als Gast beim Betreten der Wohnung seine Schuhe auszuziehen. Es stellt deshalb einen groben Fauxpas dar, wenn man als Besucher dort seine Schuhe anbehält.

Wer also eines dieser Länder bereist, tut gut daran, die Schuhe auszuziehen. Und höflich ist das sicher auch dann, wenn man hierzulande bei einer japanischen oder orientalischen Familie zu Besuch ist. Dabei besteht ein Gutteil der Höflichkeit schon darin, sich im Vorfeld entsprechend zu informieren, denn das zeigt die Achtung vor dem Gegenüber und dessen Kultur. Allerdings ist Höflichkeit ja keine Einbahnstraße, und gerade als Gastgeber ist es besonders höflich, sich auf den Gast einzustellen.

Hier kann man nun den Kern der Geschichte des Herzogs von Guermantes heranziehen, den Gast, auch wenn der sich einer Unhöflichkeit schuldig gemacht hat, dies im Sinne der Gastfreundschaft nicht merken zu lassen. Wendet man diesen Gedanken auf den Besuch bei einem Gastgeber an, zu dessen Kultur es gehört, die Schuhe auszuziehen, müsste sich eigentlich ein Streit mit umgekehrten Vorzeichen ergeben: Der Gast sollte – höflicherweise – darauf bestehen, die Schuhe auszuziehen, der Gastgeber ihn jedoch – ebenfalls höflicherweise – dazu drängen, sie anzubehalten. Und beide müssten betonen, wie sehr sie die jeweils andere Tradition schätzen. Nur eine Lösung des Widerspruchs findet man nicht.

Die echte Kollision

Bei den Schuhen erscheint das Ganze noch irgendwie harmlos, eher amüsant. Bei anderen Themen, speziell dem Verhältnis der Geschlechter, vor allem im Hinblick auf die Gleichberechtigung und die Freiheit, wird es schwieriger. Eine Frage, die mich vor einigen Jahren im Rahmen meiner Kolumne erreichte, kann das verdeutlichen:

»Wir waren mit einigen Leuten, darunter einem türkischen Freund, an einem Badesee zum Schwimmen. Um mir die Verrenkungen mit Handtuch als Sichtschutz zu ersparen, habe ich mich etwas abseits der Gruppe ungeniert umgezogen (Hose aus – Badeanzug an – T-Shirt aus – Träger hochziehen). Ich fand nichts dabei, zumal dort viele Frauen ›oben ohne‹ am See liegen. Aber am Abend sagte mir eine Frau aus der Gruppe, sie hätte sich in Anwesenheit des tür-

kischen Mannes nicht auf diese Weise umgezogen und er habe angesichts meines nackten Hinterns etwas irritiert geschaut. Hätte ich mehr Rücksicht nehmen sollen?«[18]
Corinna D., München

In diesem Fall würde die Höflichkeit es tatsächlich erfordern, auf die Einstellungen des türkischen Freundes Rücksicht zu nehmen. Allerdings mit zwei Einschränkungen. Auch der Freund müsste Rücksicht nehmen und akzeptieren, dass die Fragestellerin als moderne Frau sich so verhalten will, wie es ihren Vorstellungen entspricht. Von ihr zu verlangen, dass sie sich als Frau so benehmen soll, wie er es als Mann von Frauen erwartet, missachtet sie, ihre Freiheit und ihre Gleichberechtigung. Man könnte also wieder zu der Diskussion mit vertauschten Rollen kommen wie bei den Schuhen. Hier aber kommt noch etwas hinzu. Es geht hier um zentrale Werte und echte Errungenschaften einer freien Gesellschaft. Die aus Höflichkeit aufzugeben wäre falsch. So wie die Fragestellerin es schildert, handelt es sich auch um keine Provokation, aber selbst die wäre zur Verteidigung dieser Errungenschaften erlaubt. Zumal der Freund nicht hätte irritiert schauen müssen, sondern einfach nur *weg*schauen.

An dieser Stelle kollidieren nicht nur zwei unterschiedliche Gebäude von Konventionen im Sinne einer Verhaltensetikette, sondern auch unterschiedliche Werteordnungen. Und hier muss man vermutlich wieder einmal feststellen, dass man die Höflichkeit als Umgangstugend weder überschätzen noch überfordern darf. Sie kann als Umgangstugend nicht die Probleme lösen, an denen sich inhaltlich auch Moralphilosophie und Toleranz abarbeiten.

When you are in Rome ...

Dennoch kann die Höflichkeit vielleicht helfen, in einem gewissen Rahmen Kollisionsregeln aufzustellen. Im Englischen gibt es dafür das schöne Sprichwort »When in Rome, do as the Romans do«, wörtlich übersetzt: Wenn du in Rom bist, verhalte dich wie die Römer. Sinngemäß: Man soll sich beim Verhalten an die Gepflogenheiten des Gastlandes halten. »Andere Länder, andere Sitten« geht in dieselbe Richtung, enthält aber eher einen Ton der Verwunderung und nicht die klare Aufforderung, sich anzupassen. »Man soll mit den Wölfen heulen« ist umgekehrt zu nutzenorientiert und im Grunde auch abwertend. Nicht so der Spruch, man soll sich an die Römer anpassen, wenn man sich in Rom aufhält. Überraschenderweise geht er auf einen sonst sehr strikten Menschen zurück, den Kirchenvater Augustinus.[19] In einem Brief schrieb er, er habe festgestellt, dass die Kirche in Mailand, wohin er als Professor gegangen war, nicht am Samstag fastete, wie er es in Rom gekannt habe. Daraufhin habe er den älteren heiligen Ambrosius gefragt, wie er es dann mit dem Fasten halten solle. Ambrosius aber habe ihm geantwortet:

> Cum Romam venio, ieiuno sabbato; cum hic sum, non ieiuno. Sic etiam tu, ad quam forte Ecclesiam veneris, eius morem serva, si cuiquam non vis esse scandalo, nec quemquam tibi.[20]
> Wenn ich nach Rom komme, faste ich am Samstag; wenn ich hier bin, faste ich nicht. Folge auch du den Sitten der Kirche, in welche du auch immer kommst, wenn du keinen Anstoß erregen oder erfahren willst.

Ich habe dieses Zitat bis zu seiner lateinischen Originalquelle in den Briefen Augustinus' verfolgt, weil es einigermaßen überrascht, so etwas von Augustinus zu hören. Immerhin ist Augustinus derjenige, dem die europäische Philosophie das absolute Lügenverbot zu verdanken hat. Ihm zufolge darf man niemals lügen, auch nicht in Notsituationen, auch nicht, wenn die Lüge dazu dient, ein Menschenleben zu retten. Und hier diese, nun ja, geschmeidige Lösung mit dem Ratschlag, sich doch einfach anzupassen. Dieser Gegensatz ist insofern interessant, als er die Einordnung der Höflichkeit, hier in Form der Konventionen, Augustinus spricht von mores, Sitten, bestätigt: Es handelt sich bei ihnen nicht um moralische Grundsätze, sondern um Umgangstugenden. Es wäre unsinnig, sich an ihnen festzuklammern, aber dennoch sind sie wichtig, wie auch Augustinus bestätigt, wenn er empfiehlt, die eigenen Fastengewohnheiten den jeweiligen Sitten unterzuordnen, mit Verweis auf ihre soziale Funktion: »wenn du keinen Anstoß erregen willst«.

In der Tat spricht viel für die Regelung »When in Rome, do as the Romans do«. Sie ist klar und hilft vor allem sehr gut, Konflikte zu vermeiden. Und sie kann in gewissen Grenzen auch dort funktionieren, wo Überzeugungen einander unversöhnlich gegenüberstehen. Weil man nicht klären muss, wer recht hat, sondern das auf der formalen Ebene der Höflichkeit lösen kann. Nur streng betrachtet, kollidiert die Regelung, sich an die Gepflogenheiten des Gastlandes zu halten, nun selbst wiederum mit der Idee der Gastfreundschaft, der zufolge der Gastgeber versuchen soll, es dem Gast so angenehm wie möglich zu machen. Und man kann der Rom-Regel natürlich auch dann nicht folgen, wenn sie mit höherwertigen Grundsätzen kollidiert.

Der Schritt zurück

Am Ende kann man noch einmal einen Schritt zurücktreten und sich nicht nur die eigene Kultur und die eigenen Konventionen der Höflichkeit aus dem Blickwinkel anderer Kulturen ansehen, sondern versuchen, die Höflichkeit in den unterschiedlichen Kulturen insgesamt zu betrachten – und einen umfassenderen Blick auf die Höflichkeit wagen. Dann wäre das Prinzip Höflichkeit eine Form des Verhaltens im zwischenmenschlichen Umgang, die das Wohlergehen des anderen im Blick hat. Wo dabei der Schwerpunkt des Wohlergehens liegt, ob in der Ehre, der Achtung, beim öffentlichen Gesicht, wird von der jeweiligen Kultur geprägt. Die Konventionen, die Etikette in den verschiedenen Kulturen wiederum ist nur ein darübergelegtes Raster, das versucht, dieses Verhalten zu kodifizieren. Wie stark und bindend dieser jeweilige Kodex ist, hängt auch wieder von den unterschiedlichen Kulturen ab. Aber wenn man sich zum Beispiel Bilder vom Augengruß ansieht – von sehr ähnlichen, wenn nicht gleichen Verhaltensweisen des Kontakts in vollkommen unterschiedlichen Kulturen – wird es sehr schwer zu glauben, dass nicht hinter all den oft sehr stark variierenden Formen der Höflichkeit ein grundlegendes menschliches Prinzip steckt. Trotz der verschiedensten Ausformungen in den unterschiedlichen Kulturen. Dieses grundlegende menschliche Prinzip gilt es zu verfolgen, die verschiedenen Ausformungen kann man dann in der Excel-Tabelle nachschlagen.

Anmerkungen

1 Diese Fragen und viele weitere Fragen warf in einem wohltuend klaren Diskussionsbeitrag der Hamburger Rechtsphilosoph Reinhard Merkel auf. Dessen letzter Absatz beginnt mit den bemerkenswerten Sätzen: »Antworten? Habe ich nicht. Und jeder, der heute glaubt, er habe sie, dürfte sich irren. Aber die Politik muss sie am Ende geben.« Reinhard Merkel, »Das Leben der anderen ist armselig und kurz«, FAZ vom 22. 9. 2015, online abrufbar unter: http://www.faz.net/aktuell/feuilleton/debatten/klimafluechtlinge-wo-liegt-die-grenze-des-zumutbaren13815941.html, letzter Aufruf am 22. 9. 2015.

2 Der Philosoph Volker Gerhardt unterscheidet auf der Basis von Kant zwischen dem Besuchsrecht und dem Recht, als Gast vielleicht auch auf Dauer zu bleiben. Volker Gerhardt, »Was Immanuel Kant zur Flüchtlingskrise sagen würde, Sein und Streit«, Interview von Thorsten Jantschek, Deutschlandradio Kultur vom 27. 9. 2015, online abrufbar unter: http://www.deutschlandradiokultur.de/volker-gerhardt-im-interview-was-immanuel-kant-zur.2162.de.html?dram%3Aarticle_id=332192

3 Siehe z. B. Paul Munzinger, »Wie die Kanzlerin ein Flüchtlingsmädchen zum Weinen bringt«, Süddeutsche.de vom 16. 7. 2015, online abrufbar unter: http://www.sueddeutsche.de/politik/kanzlerin-im-buergerdialog-wie-merkel-ein-fluechtlingsmaedchen-zum-weinen-bringt-1.2568813

4 Post vom 18. 7. 2015, wörtlich: »Ich weiss nicht, obs nur mir so geht, aber bei vielen politischen Internet-Aufregern ist meine Meinung uneindeutig, auch weil ich von vielen komplexen Zusammenhängen keine Ahnung habe. Sehe ich mir das Merkel-Flüchtlingsmädchen-Video (ungekürzt!) an, finde ich das, was sie vorab zu erklären versucht, nicht so überraschend. Dass sie sich solchen risikoträchtigen TV-Situationen überhaupt stellt, ist ihr anzurechnen. Das Gestreichel am Ende war allerdings zumindest unbeholfen und da kam mir ein Cartoon hoch.« Online abrufbar unter: https://www.facebook.com/RalfKoenig/posts/925841750810510:0, letzter Aufruf am 21. 9. 2015.

5 Z. B. Silke Schneider-Flaig, »Der neue große Knigge«, Compact Verlag, München, 16. Auflage, 2013, S. 298; http://www.transitionsabroad.com/listings/living/articles/business-etiquette-abroad.shtml;

http://www.kwintessential.co.uk/resources/global-etiquette/japan-country-profiles.html

6 Besonders umfangreich zum Beispiel bei Silke Schneider-Flaig, »Der neue große Knigge«, Compact Verlag, München, 16. Auflage, 2013, S. 239–324.

7 »British minister in cultural gaffe after giving Taipei mayor ›taboo‹ watch«, The Guardian, 27.1.2015, online abrufbar unter: http://www.theguardian.com/world/2015/jan/27/british-minister-cultural-gaffe-taipei-mayor-taboo-watch; »UK minister apologises for Taiwan watch gaffe«, BBC News vom 26.1.2015, online abrufbar unter: http://www.bbc.com/news/world-asia-30994307; Lawrence Chung in Taipei and Agence France-Presse, »Taipei mayor gets a ticking off after calling watch gift from British MP ›a piece of junk‹«, South China Morning Post vom 27.1.2015, online abrufbar unter: http://www.scmp.com/news/china/article/1692934/scrap-taipei-mayor-unimpressed-taboo-watch-gift?page=all

8 »British minister in cultural gaffe after giving Taipei mayor ›taboo‹ watch«, The Guardian, 27.1.2015, online abrufbar unter: http://www.theguardian.com/world/2015/jan/27/british-minister-cultural-gaffe-taipei-mayor-taboo-watch

9 Ho, David Yau-Fai, »On the Concept of Face«, American Journal of Sociology, 1976, Vol. 81 (4), S. 867–884, online abrufbar unter: www.jstor.org/stable/2777600, Übersetzung: R.E.

10 Edward T. Hall, »Die Sprache des Raumes«, Pädagogischer Verlag Schwann, Düsseldorf 1976, S. 15. Das Buch ist leider auch antiquarisch nur mehr schwer erhältlich, deshalb sei auf das amerikanische Original verwiesen: Edward T. Hall, »The Hidden Dimension«, Anchor Books, New York 1966.

11 Hall, ebd., S. 118 ff.

12 Ebd., S. 156.

13 Ebd., S. 156 ff.

14 Ebd., S. 134 ff.

15 Edward T. Hall, »The Dance of Life, The Other Dimension of Time«, Anchor Books, New York 1989; Edward T. Hall, »The Silent Language«, Anchor Books, New York 1990.

16 Darcie Connell, »How to Practice Proper Business Etiquette Around the World«, online abrufbar unter: http://www.transitionsabroad.com/listings/living/articles/business-etiquette-abroad.shtml, letzter Aufruf am 21.9.2015.

17 Asfa-Wossen Asserate, »Manieren«, dtv, München 2005, S. 109.
18 Süddeutsche Zeitung Magazin, Heft 21/2008, abgedruckt in: Rainer Erlinger, »Gewissensbisse, 111 Antworten auf moralische Fragen des Alltags«, Fischer Verlag, Frankfurt am Main 2011, S. 211 f.
19 Brewer, »The Dictionary of Phrase and Fable«, Galley Press, Leicester 1988, S. 1070; Gary Martin, »The meaning and origin of the expression: When in Rome, do as the Romans do, The Phrase Finder«, online abrufbar unter: http://www.phrases.org.uk/meanings/when-in-rome-do-as-the-romans-do.html; Tom Weber, »Do as the Romans do … says who?, Italian Notebook«, online abrufbar unter: http://www.italiannotebook.com/local-interest/origin-do-as-romans-do/.
20 Augustinus, »Epistola 54«, unter 3., online abrufbar unter: http://www.augustinus.it/latino/lettere/lettera_054_testo.htm; Übersetzung: R.E.

CHARLOTTE KLONK
»Bildethik
Zum Umgang mit Terrorbildern«

Bilder vom Terror treffen uns jedes Mal aufs Neue wie ein Schlag, vor allem je näher die Tat an die eigene Lebenswirklichkeit heranrückt und je stärker man sich an vergleichbare Fälle erinnert. Intensiver als Texte, darin ist sich die psychologische und kommunikationsorientierte Medienforschung inzwischen einig, vermitteln Nachrichtenbilder das Gefühl des Miterlebens und werden entsprechend stark emotional rezipiert.[1] Die Darstellungen wirken authentisch, obgleich jeder weiß, dass auch Fotografien und Filme Gegebenes selektieren, perspektivieren und unter Umständen manipulieren.[2] »Tatsächlich lässt sich eine bestimmte Photographie«, so hat schon Roland Barthes betont:

> nie von ihrem Bezugsobjekt unterscheiden, wenigstens nicht auf der Stelle und nicht für jedermann (was bei jedem beliebigen anderen Bild möglich ist, da es von vornherein und per se durch die Art und Weise belastet ist, in der der Gegenstand simuliert wird).[3]

Wo aber Darstellung und Dargestelltes in eins gesetzt werden, da ist man auch mit moralischen Urteilen schnell zur Hand. Sie scheinen evidenter und selbstverständlicher als bei anderen Bildern, obwohl wir wissen, dass auch in Fotografien nur eine ganz bestimmte und sehr begrenzte Wahrheit sichtbar werden kann. Mehr noch: Was in einem Zusammenhang ohne Bedenken produziert und wahrgenommen wird, mag in einem anderen plötzlich anstößig sein. Die Aufnahmen von US-Soldaten im Gefängnis von Abu Ghraib sind ein berühmtes Beispiel dafür.[4] Selten wurde deutlicher, wie entscheidend die Entstehungs- und Erscheinungsorte für Urteile dieser Art sind.[5]

Bildwirklichkeit. Realitätsbezug und Muster

Jedes Bild, unabhängig davon, ob es mit der Kamera aufgenommen oder mit anderen Mitteln erzeugt wurde, macht etwas sichtbar, was es selbst nicht ist und was nur in und mit ihm sichtbar wird. Während diese Grundvoraussetzung des medial Vermittelten in Gemälden, Zeichnungen, Stichen, aber auch Kunstfotografien immer präsent ist und mal mehr und mal weniger markiert und reflektiert wird, so zeichnen sich Nachrichtenbilder vor allem dadurch aus, dass in ihnen die »ikonische Differenz«, wie es der Kunsthistoriker Gottfried Boehm nennt, weitgehend unbemerkt bleibt. Obwohl auch diese Bilder »aus dem physischen Faktum einer materiellen Oberfläche das Feld einer artikulierten Aufmerksamkeit« machen,[6] ist ihre Vermittlungsleistung an sich kein zentraler Bestandteil der Wahrnehmung. Kontextuell muss erschlossen werden, was nicht schon durch die Medialität der Darstellung selbst hervorgehoben wird. Daher ist auch die Notwendigkeit von Kommentaren und weiteren Bildern umso größer, je stärker der Realitätsbezug eines Bildes ist und je deutlicher es sich der situativen Alltagswahrnehmung annähert.[7] Wer das ignoriert und sich nur auf einzelne Aufnahmen, ihre Wirkung und Rezeption konzentriert, erklärt schnell zur Regel, was lediglich in besonderen Fällen zutrifft. Von fotojournalistischer Bedeutung sind dann ausschließlich Bilder mit aussagestarken, situationsbezogenen formalen Kontrasten oder Figurenkonstellationen, für die ein ikonographisches Vorbild ausgemacht werden kann.[8] Im ersten Fall wird die affektive Kraft in der Regel phänomenal erklärt, im zweiten assoziativ.[9]

Mit diesen Bildern wäre aber nur ein Bruchteil der Darstellungen adäquat erfasst, die innerhalb einer Berichterstattung zum Terror Wirkung entfalten. Bewusste oder unbewusste Rückgriffe auf bildmotivische Vorbilder wie in Thomas E. Franklins Fotografie der drei Feuerwehrmänner vom 11. September 2001 oder in der Darstellung des rettenden Helfers am Tag der U-Bahnanschläge in London vom 7. Juli 2005 im Modus der Caritas sind eher selten (siehe **Abb. 2** und **Abb. 3**). Auch Aufnahmen mit aussagekräftigen formalen Kontrasten wie Spencer Platts Fotografie der brennenden Türme des New Yorker World Trade Center vor strahlend blauem Himmel und Karl Strumpfs vermummter Geiselnehmer auf dem Balkon des olympischen Dorfes in München von 1972 wurden zu Medienikonen, gerade weil sie besonders sind (siehe **Abb. 1** und **Abb. 4**). In jedem von ihnen verdichtete sich das Unbegreifliche der Situation in der Komposition und wurde dadurch bereits in der Anschauung fassbar. Die Mehrzahl der Bilder jedoch, die veröffentlicht werden, erfüllen diese formalen und inhaltlichen Voraussetzungen nicht. Wenige von ihnen erschließen auf diese Weise ästhetisch ihren Sinn. Die meisten erlangen ihre Bedeutung erst im Kontext von anderen Bildern und Äußerungen, die wiederum ein Muster bedienen, das sich schon früh mit der Entstehung der illustrierten Presse am Ende des 19. Jahrhunderts herausgebildet hat. Das Muster liefert die Grundstruktur, innerhalb deren den Bildern ein Platz und eine Bedeutung zugewiesen wird. Zunächst steht immer das Bedürfnis im Vordergrund, dem

Ort der Tat so nah wie möglich zu kommen. Der Schrecken dieser Bilder wird jedoch zugleich wieder aufgehoben, denn sie erscheinen am Anfang eines Narrativs, das vor allem auf das Funktionieren der Gesellschaft hinausläuft.

Auch Geiselbilder gelangen in der Regel nicht allein, sondern in Serie an die Öffentlichkeit. Mitleid erregt zwar schon das Einzelbild, doch ob die Geiselnehmer zu einem Strategiewechsel gezwungen werden, wie bei der Entführung von Hanns Martin Schleyer durch die RAF im Herbst 1977, oder nicht wirklich an einer Lösung des Konflikts interessiert sind, wie während der zahlreichen Geiselnahmen im Libanon in den 1980er Jahren, zeigt sich erst in der Bildfolge. Eine Ausnahme sind in dieser Hinsicht die Hinrichtungsbilder des IS aus dem Jahr 2014, denn das Leben der Geiseln war hier von vornherein kein Mittel der Erpressung. In erster Linie ging es um die Demonstration von Macht und Grausamkeit, für die die Organisation unter anderem auf Vorlagen aus Hollywoodfilmen zurückgriff. Auch Täterbilder sind an sich wenig aussagekräftig. Ihre Bedeutung erschließt sich ebenfalls erst im Kontext bereits zuvor etablierter Muster von Feindbildern. Insofern ist jedes Terrorbild, schon lange bevor es aufgenommen und veröffentlicht wird, Teil eines bereits zuvor erprobten und immer wieder neu aktualisierten, modifizierten und sinnstiftenden Horizonts.[10]

Bildwirkung. Empirie und Hermeneutik

Systematisch haben sich vor allem Medien- und Kommunikationswissenschaftler mit Rezipienten- und Rezipientinnenreaktionen beschäftigt und sie im Hinblick auf Nachrichtenformate empirisch untersucht.[11] Bisher gibt es jedoch nur wenige Studien, die über Einzelfallanalysen hinausgehen. Auch wenn

Abb. 1: Spencer Platt, *New York – September 11, 2001.*

der Bogen weiter gespannt ist, wie in Nicole Haußeckers Forschung zur Terrorismusberichterstattung im deutschen Fernsehen, sind die Ergebnisse eher enttäuschend. Haußecker hat unterschiedliche Emotionen und Emotionsintensitäten zwischen 2007 und 2009 untersucht.[12] Im ersten inhaltsanalytischen Teil ihrer Publikation bestätigt sie im Großen und Ganzen die in der Literatur gängigen Annahmen zur Rahmung von Nachrichten in der Medienberichterstattung. Schon 1993

Abb. 2: Thomas E. Franklin, *Feuerwehrleute hissen eine US-amerikanische Flagge auf Ground Zero*, New York, 11. September 2001.

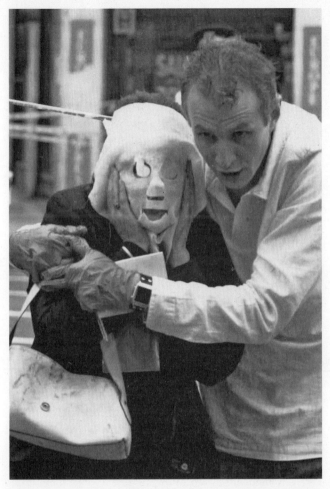

Abb. 3: Ein Opfer mit Gesichtsmaske und sein Helfer, Edgware Road Underground Station, London, 7. Juli 2005.

Abb. 4: Karl Strumpf, Vermummter Geiselnehmer auf dem Balkon der israelischen Unterkunft im Olympischen Dorf in München am 5. September 1972.

konstatierte der amerikanische Politologe Robert Entman ein immer gleiches Muster: Auf Problemschilderungen folgen Berichte zur Ursachenforschung und Bewertungen, die schließlich in Lösungsansätze überführt werden.[13] Auch Nachrichtenbilder zu Terrortaten kann man durchaus so verstehen, obgleich klare Abgrenzungen hier schwerfallen. Anschlags- und Opferbilder wären demnach zunächst Teil der Problemdefinition und Täterbilder ein Element der Ursachenklärung. Bilder vom Einsatz der Rettungs- und Sicherheitsdienste sind dagegen manchmal konstitutiv für die Problemdefinition, häufig für die Bewertung und gelegentlich, wie nach dem 11. September 2001, bereits ein Beitrag zu einer vermeintlichen Lösung – in diesem Fall der Vorbereitung eines militärischen Vergeltungsschlags. Aber auch bei den Täterbildern gibt es Überschneidungen zwischen Bewertung und Konfliktlösung. Darstellungen von Festnahmen oszillieren oftmals zwischen Erniedrigungs- und Erlösungsszenarien.

Dass es Interferenzen zwischen den Bildkategorien gibt, bestätigt auch Haußecker. Aber selbst im zweiten Teil ihrer Studie, in der es um die Auswertung der empirischen Messdaten geht, kommt wenig Überraschendes zum Vorschein. »Darstellungen von Blut, verletzten Kindern, Leichen, extremen Verletzungen und Waffen«, schreibt sie, emotionalisieren »am stärksten negativ«, und Frauen zeigen »stärkere emotionale Reaktionen als Männer«.[14] Aufschlussreich sind zwar eine Reihe von Einzelergebnissen, unter anderem zum hohen Emotionspotential von Bildern zur »Terrorgefahr von religiösen Tätern«,[15] doch insgesamt zeigt sich auch hier, dass empirische Studien gerade in Bezug auf Bildinhalte und ihre Bedeutung Annahmen zwar bestätigen können, selten aber neue Erkenntnisse zu ihrer Wirkungsweise liefern.

Ein Grundproblem dabei ist unter anderem die interkulturelle Mobilität und Mehrdeutigkeit von Bildern. Niemand kann garantieren, dass das, was in einem Kontext als beängstigend wahrgenommen wird, in einem anderen nicht Bewunderung auslöst. Entsprechend kommen Forschungen, die im Gegensatz zu Haußecker die Reaktion von multilingualen und multiethnischen Gruppen untersuchen, auch zu weniger eindeutigen Ergebnissen. Der englische Politikwissenschaftler Ben O'Loughlin zum Beispiel resümiert aufgrund einer interkulturell angelegten dreijährigen empirischen Rezeptionsstudie, dass Medienbilder ihre Wirkung nie per se erzielen, sondern immer im Kontext von bereits existierenden Vor- und Einstellungen.[16] Wie allerdings diese unterschiedlichen Deutungshorizonte zuallererst entstehen und welche Bilder und Medien dafür ausschlaggebend sind, entzieht sich dem empirischen Zugriff und konnte deshalb auch von O'Loughlin nicht erklärt werden.

Auch eine hermeneutische Studie wie diese kann dafür keine Erklärung liefern. Sie kann schon gar nicht die Wirkungen empirisch belegen, die sie in den Bildern selbst und im Kontext ihres Erscheinens manifestiert sieht. Die Stärken einer historischen Perspektive liegen anderswo. Im Rückblick wird deutlich, dass Terrorbilder ihre Wirkung nicht im geschichtslosen Raum der Gegenwart allein entfalten. Die zeitgenössischen Muster der Erscheinung haben eine lange Tradition und Anschlagsbilder eine andere als Geiselfotos oder Täterbilder. Vergleichend angelegt treten Bedeutungsverschiebungen zutage, die mit empirischen Studien zur Wirkung der Bilder nicht zu erfassen sind. Auch wenn sich Anschlagsbilder innerhalb des gleichen medialen Rahmens bewegen, so manifestiert sich in den Sequenzen zu den jeweiligen Anschlägen doch immer auch ein etwas anderer sinnstiftender Horizont, der maßgeblich von der politischen Dynamik zum Zeitpunkt der Tat bestimmt wird. Und erst im Vergleich von verschiedenen Serien von Geiselbildern, zeigen sich signifikante Unterschiede, die Rückschlüsse auf den jeweils anderen Verlauf der Ereignisse ermöglichen. Täterbilder schließlich sind während einer Terrorgefahr so überdeterminiert, dass erst im Nachhinein, wenn Angst und Bedrohung gewichen sind, deutlich wird, welche Hoffnungen und Befürchtungen mit ihnen verbunden waren. Erst dann lässt sich ermessen, wie sehr sie der momentanen Affektregulierung dienen und wie wenig sie zur Konfliktlösung beitragen.

Gleichwohl kann es in einer historischen Studie zu Medienbildern des Terrors nicht in erster Linie darum gehen, einzelne Aufnahmen und ihre Funktion zu bewerten oder gar zu kritisieren. Zunächst einmal muss ihre spezifische Erscheinungsweise im Kontext der jeweiligen Konflikte und Bildmuster verortet und verstanden werden. Dennoch gibt es immer wieder Momente, in denen ein moralisches Urteil naheliegt, wie zum

Beispiel bei den Hinrichtungsvideos des *IS* und den Erniedrigungsbildern von Tätern in den westdeutschen Medien in den 1970er Jahren.

Wenn es um ethische Fragen im Umgang mit Bildern geht, so reicht es nicht mehr nur jene Instanzen zu diskutieren, die bisher die Zirkulation von Terrorbildern maßgeblich reguliert haben, beispielsweise indem sie Bildveröffentlichungen verhindern, Maßstäbe für ihre Verbreitung entwickeln oder gezielt Bilder lancieren. Dazu gehören Regierungen, Presse- und Medienaufsichten, aber auch Menschenrechtsorganisationen. Zum anderen müssen die eigenen Beurteilungsgrundlagen reflektiert werden. Dass hieraus weder ein Plädoyer für ein Verbot der Bilder entsteht noch sein Gegenteil, nämlich die Behauptung ihrer Unvermeidbarkeit, versteht sich von selbst. Genauso wenig wie man grundsätzlich zwischen moralisch guten und schlechten Waffen unterscheiden kann, ist auch beim Einsatz von Bildern im Terrorkampf vor allem der Gebrauch entscheidend. Insofern ist eine Verständigung über anerkannte grundrechtliche Gebote und Prinzipien von weitreichender Bedeutung, denn die Verantwortung für die Verbreitung von Terrorbildern ist nicht mehr nur eine Angelegenheit bereits etablierter Instanzen. Die Ausweitung der Medienlandschaft hat dazu geführt, dass viele Bilder jenseits der traditionellen Kanäle an die Öffentlichkeit gelangen – eine Entwicklung, die der Soziologe Andrew Hoskins und der Politikwissenschaftler Ben O'Loughlin mit dem Begriff der »new media ecology« beschrieben haben.[17] Der Radius derer, die Bilder produzieren und verbreiten, ist enorm gewachsen und umfasst potentiell jede und jeden, die oder der ein aufnahmefähiges Mobiltelefon bei sich trägt und über einen Internetzugang verfügt. Entsprechend müssen sich heute wesentlich mehr Menschen mit ethischen Fragen zum Umgang mit Bildern auseinandersetzen, als das bisher der Fall war.

Wer im Zuge einer Tat Bilder produziert, öffentlich in Umlauf bringt oder im Internet verbreitet, sollte wissen, was er bzw. sie tut. Erst wenn das Muster der Nachrichtenbildberichterstattung, in der die Bilder erscheinen, auch der breiten Öffentlichkeit bekannt ist und die Interessen, die man unter Umständen bedient, sowie die Verantwortung für die Opfer und ihre Angehörigen klar sind, kann im Voraus begriffen werden, welches Leid und welcher Schaden womöglich mit den eigenen Handlungen verbunden sein könnte. Erst dann kann man einschätzen, welche Aufnahmen helfen, die Betrauerbarkeit als Vorbedingung des Lebens zu begreifen, und welche sie verhindern oder verstellen. Nur so ist ein verantwortlicher Umgang mit Terrorbildern möglich und eine freiwillige Selbstregulierung der Mediennutzer vorstellbar – in einem Kampf, bei dem die Bilder entscheidend sind und der dennoch nur Verlierer kennt.

Anmerkungen

1 Hans-Bernd Brosius, »Alltagsrationalität in der Nachrichtenrezeption. Ein Modell zur Wahrnehmung und Verarbeitung von Nachrichteninhalten«, Opladen, Westdeutscher Verlag, 1995; Gary Bente und Bettina Fromm, »Affektfernsehen. Motive, Angebotsweisen und Wirkungen«, Opladen, Leske und Budrich, 1997; Arvid Kappas und Marion G. Müller, »Bild und Emotionen. Ein neues Forschungsfeld«, *Publizistik*, 1, 2006, S. 3–23.
2 Thomas Schierl, »Der Schein der Authentizität. Journalistische Bildproduktion als nachfrageorientierte Produktion scheinbarer Authentizität«, in Thomas Knieper und Marion G. Müller (Hg.), »Authentizität und Inszenierung von Bildwelten«, Köln, Herbert von Halem Verlag, 2003, S. 150–167; Thomas Knieper, »Die ikonologische Analyse von Medienbildern und deren Beitrag zur Bildkompetenz«, in Thomas Knieper und Marion G. Müller (Hg.), »Authentizität und Inszenierung von Bildwelten«, S. 193–212, hier S. 194.

3 Roland Barthes, »Die helle Kammer. Bemerkungen zur Photographie« (1980), übers. von Dietrich Leube, Frankfurt am Main, Suhrkamp, 1985, S. 13.
4 Judith Butler, »Folter und die Ethik der Fotografie. Denken mit Susan Sontag«, in Judith Butler, »Raster des Krieges. Warum wir nicht jedes Leid beklagen«, übers. von Reiner Ansén, Frankfurt am Main, Campus, 2010, S. 65–97.
5 Das deutsche Wort Moral kommt aus dem Lateinischen *(mores)*, das Wort Ethik aus dem griechischen *(êthê)*. Beide Wörter sind mit »Sitten« zu übersetzen und bezeichnen somit zunächst mehr oder weniger dasselbe. Dennoch hat sich eine Unterscheidung durchgesetzt: Ethik bezeichnet im Wesentlichen die philosophischen Theorien, die sich grundsätzlich mit Fragen des guten Lebens auseinandersetzen, und Moral den Gegenstand, um den es jeweils geht (siehe Ottfried Höffe, »Ethik. Eine Einführung«, München, Beck, 2013, S. 10–11).
6 Gottfried Boehm, »Wie Bilder Sinn erzeugen. Die Macht des Zeigens«, Berlin, Berlin University Press, 2007, S. 69.
7 Ludwig Jäger, »Intermedialität, Intramedialität, Transkriptivität. Überlegungen zu einigen Prinzipien der kulturellen Semiosis«, in Arnulf Deppermann und Angelika Linke (Hg.), »Sprache intermedial. Stimme und Schrift, Bild und Ton«, Berlin, De Gruyter, 2009, S. 301–324.
8 Siehe u. a. Robert Hariman und John Louis Lucaites, »No Caption Needed. Photographs, Public Culture, and Liberal Democracy«, Chicago, University of Chicago Press, 2007.
9 In Bezug auf Nachrichtenbilder hat vor allem Marion G. Müller die assoziativ argumentierende Ikonologie in der Tradition von Aby Warburg weiterentwickelt und unter stärkerer Berücksichtigung des Kontextes zwischen Abbildern und Denkbildern unterschieden. Die Macht der Bilder erklärt sich ihr zufolge aus der Materialisierung von Denkbildern, die wiederum durch Vorbilder strukturiert werden (Marion G. Müller, »Bilder – Visionen – Wirklichkeiten. Zur Bedeutung der Bildwissenschaft im 21. Jahrhundert«, in Thomas Knieper und Marion G. Müller (Hg.), »Kommunikation visuell. Das Bild als Forschungsgegenstand. Grundlagen und Perspektiven«, Köln, Herbert von Halem Verlag, 2001, S. 14–25). Siehe auch: Arvid Kappas und Marion G. Müller, »Bild und Emotionen. Ein neues Forschungsfeld«, S. 3–23.

10 Dass Bildagenturen auf der Grundlage von zuvor bekannten Deutungsschemen Bilder selektieren, hat zuletzt die Anthropologin Zeynep D. Gürsel in einer Reihe von Feldstudien nachgewiesen (Zeynep D. Gürsel, »Image Brokers. Visualizing World News in the Age of Digital Circulation«, Berkeley, University of California Press, 2016).
11 Siehe u. a. Bertram Scheufele, »Frames – Framing – Framing-Effekte. Theoretische und methodische Grundlegung sowie empirische Befunde zur Nachrichtenreproduktion«, Wiesbaden, Westdeutscher Verlag, 2003.
12 Nicole Haußecker, »Terrorismusberichterstattung in Fernsehnachrichten. Visuelles Framing und emotionale Reaktionen«, Baden-Baden, Nomos, 2013.
13 Robert M. Entman, »Framing. Toward Clarification of a Fractured Paradigm«, »Journal of Communication«, 4, 1993, S. 51–58.
14 Nicole Haußecker, »Terrorismusberichterstattung in Fernsehnachrichten«, S. 211.
15 Ebd., S. 224.
16 Ben O'Loughlin, »Images as Weapons of War: Representation, Mediation and Interpretation«, »Review of International Studies«, 1, 2011, S. 71–91.
17 Andrew Hoskins und Ben O'Loughlin, »War and Media. The Emergence of Diffused War«, Cambridge, Polity Press, 2010, S. 2.

Abbildungsnachweis

Abb. 1: Spencer Platt, *New York – September 11, 2001*. © Spencer Platt / Getty Images.
Abb. 2: Thomas E. Franklin, *Feuerwehrleute hissen eine US-amerikanische Flagge auf Ground Zero*, New York, 11. September 2001. © The Record (Bergen Co. NJ)/Getty Images.
Abb. 3: Ein Opfer mit Gesichtsmaske und sein Helfer, Edgware Road Underground Station, London, 7. Juli 2005. © epa-Bildfunk.
Abb. 4: Karl Strumpf, Vermummter Geiselnehmer auf dem Balkon der israelischen Unterkunft im Olympischen Dorf in München am 5. September 1972. © picture alliance / AP Photo.

ILIJA TROJANOW
»Vier Jahre Allympics«

»Worüber freust du dich?«, fragte Diogenes einen jungen Mann.
»Ich habe bei Olympia den Sieg davongetragen«, erwiderte dieser
voller Stolz, »ich habe alle Mitstreiter besiegt!«
»Was für eine Ehre ist es«, versetzte Diogenes, »Schwächere
zu besiegen?«

Im Sommer 2012 lümmelte ich wie Milliarden anderer Erdbewohner vor dem Fernseher und schaute mir Wettkämpfe in Sportarten an, von deren Existenz ich nichts wüsste, gäbe es nicht alle vier Jahre die Olympischen Spiele. Ich betrachtete wohlgeformte Menschen, die einander tänzelnd abschätzten, die auf dem Rücken eines herausgeputzten Pferdes eine *bella figura* abgaben, die hoch in die Luft schossen und einige Salti samt Drehungen vollzogen. Ich sah Verrenkungen unterschiedlichster Art, ich wurde Zeuge unvorstellbaren Durchhaltevermögens. Ich ließ nichts aus, keinen der Endkämpfe, kein Halbfinale, nicht einmal Vorläufe und Qualifikationsrennen, doch so sehr ich von dem Geschehen gepackt war, in mir nagte das Gefühl, das Wesentliche zu verpassen.

Je länger ich zusah, desto mehr wuchs meine Unzufriedenheit. Was ich zu sehen bekam, erschien am Bildschirm entweder zu einfach oder zu schwer. Die Bewegungen waren einerseits von selbstverständlicher Eleganz, andererseits von enormer Komplexität. Ich konnte nicht einschätzen, was die erzielten Leistungen bedeuteten, alle Zahlen (und an Zahlen herrschte kein Mangel) blieben abstrakt. Fragen an das Wie und Warum schossen mir durch den Kopf; sie wurden selten beantwortet. Im Gegenteil: Der perfekt ausgeführte Schlag, Stoß oder Wurf stand als Ausrufezeichen hinter einer mir unbekannten Geschichte. Die zirkusreife Virtuosität verschwieg die jahrelang vorangegangene Mühsal. Höchste Meisterschaft ist offensichtlich die dünne Spitze eines Eisbergs. Sport wird bei Olympia als glattes, makelloses Produkt präsentiert, hochgezüchtet, unnahbar, in staunender Passivität zu konsumieren.

Die Distanzierung vom Volk hat Tradition. Im antiken Griechenland waren die Wettkämpfer anfänglich einfache Pilger, die zu Ehren der Götter und im Vertrauen auf die legendäre Fruchtbarkeit des Ortes die Kultstätte Olympia aufgesucht hatten. Mit den Jahren und Jahrzehnten wurde die Pilgerstätte größer, die Wettkämpfe wurden geregelter, bis nur noch Auserwählte antraten, die sich in ihrer Heimat jahrelang auf dieses Kräftemessen vorbereitet hatten. Die Athleten reisten einen Monat früher an, wurden in Elis, dem administrativen Zentrum nördlich der Sportstätten, geprüft und registriert, bevor sie sich sorgfältig auf die Wettkämpfe vorbereiteten, schon damals im heutigen Sinn Vollprofis.

In vielerlei Hinsicht wurde im antiken Olympia die Geschichte des Sports vorweggenommen. Die Ruinen erzählen von der Entwicklung vom Religiösen zum Säkularen. Zuerst errichtet Philipp der II., dann Alexander der Große, einen imposanten Tempel zur eigenen Ehrung. Später platzieren die römischen Kaiser ihre Statuen an hervorgehobener Stelle. Repräsentation gewinnt an Bedeutung: Anlässlich des Besuchs von Nero wird eine Villa erbaut, luxuriöse Thermen runden das Lifestyle-Angebot ab. Der Kern der Tradition, die Ehrung von Zeus, die Verknüpfung von Pilgerschaft und Wettkampf, gerät in Vergessenheit. Die antiken Spiele enden mit dem Triumph des Christentums, bevor sie in der Neuzeit neuerdings als heidnischer Brauch wiederbelebt werden, bald schon in Diensten der Götter Masse und Mammon.

Im Laufe der Recherche hat meine Bewunderung für die individuellen Leistungen in dem Maße zugenommen wie meine Abneigung gegenüber dem Leistungssport. Nicht nur wegen der Dominanz von Kommerz, Betrug und Korruption, sondern auch, weil die Durchökonomisierung den Sport seiner Poesie beraubt. Gewiss, Betrüger gab es schon in der Antike. Allerdings standen vor dem Eingang zum Stadion Säulen, *zanes* genannt, auf denen die Sünder an den Pranger der unverbrüchlichen Erinnerung gestellt wurden. Jede neue Generation von Athleten schritt durch dieses Spalier abschreckender Beispiele. Wer damals erwischt wurde, erhielt eine ewige Sperre. Heute haben Dopingfälle höchstens einen Einfluss auf die spezifische Dichte unseres Zynismus.

Die Olympischen Spiele haben mich von früh an fasziniert. Als Flüchtlingskind streifte ich im Sommer 1972, angesteckt von der allgemeinen Begeisterung, durch München, um jeden öffentlich zugänglichen Wettkampf live zu erleben. Bernd Kannenberg kommt mit dynamischen Schritten näher, die Menschen klatschen, Fahrradfahrer rasen an mir vorbei, die Menschen jubeln, Bernd Kannenberg entfernt sich mit wackelnden Hüften, auf dem Weg zu seinem legendären Sieg. Es gelang mir sogar, mich in eines der Stadien hineinzuschmuggeln (dazu später mehr).

Die Faszination blieb. Noch Jahre später breitete ich gelegentlich in meinem Zimmer alle Spielsachen aus und veranstaltete meine eigenen Wettkämpfe, erfundene Disziplinen mit selbstbestimmten Regeln. Die Sportstätten bestanden aus Mikadostäbchen, Mensch-ärgere-dich-nicht-Brettern und Fischertechnik-Bauteilen, die Athleten wurden zwei Monopoly-Spielen (dem englischen und dem deutschen) entnommen. Die Hüte lieferten sich eines Tages ein spannendes Kopf-an-Kopf-Rennen. Die Olympischen Spiele waren mir eine Kirmes, auf der in jedem Zelt eine andere aufregende, betörende Sensation aufgeführt wurde, Sport war für mich eher Theater als Wettkampf, eher Sprache als Statistik.

Vielleicht lag meine Begeisterung auch darin begründet, dass meine Eltern Leistungssportler waren, der Vater Hürdenläufer, die Mutter Volleyballspielerin. Oder darin, dass ich die ersten Schuljahre in einem britischen Internat namens Kenton College in Kenia verbrachte, wo wir jeden Nachmittag Sport trieben. Vielleicht verdanke ich mein Interesse einer frühen unreflektierten Ahnung, dass der Mensch im Sport seine vielfältigen Sehnsüchte ausleben, seinen individuellen Ehrgeiz wie auch seine soziale Kompetenz ausloten kann. Als lebenslanger Sportfan, als Aktiver (vor allem Tennis) sowie als Passiver (vor allem Leichtathletik), saß ich in jenem Sommer vor dem Fernseher und fragte mich: Was macht den Reiz dieser Sportarten aus? Was erzählen sie vom Menschen? Und: Wie würde ich mich anstellen, wenn ich sie betreiben würde?

Meine Fragen blieben natürlich unbeantwortet. Stattdessen folgte Siegerehrung auf Siegerehrung. Als die Fahne ein weiteres Mal gehisst und die Hymne abgespielt wurde, kam mir die eingangs erwähnte Anekdote über Diogenes in den Sinn. Bei diesen Krönungsritualen war trotz der Rührung der Gewinner von der »emphatischen Wahrheit der Geste in den großen Momenten des Lebens« (Baudelaire) wenig zu spüren. Schon während der Wettkämpfe galt die Aufmerksamkeit der Moderatoren einzig der Frage, wer wohl gewinnen würde. Sie erklärten kein einziges Mal, wieso willkürlich die drei Bestplatzierten geehrt werden, anstatt etwa die ersten fünf oder gleich alle Finalteilnehmer. Stets lag jemand »in Führung«, gelegentlich gab es eine »Aufholjagd« oder eine »Demonstration der Überlegenheit«, mal einen »klaren«, mal einen »überraschenden«, mal einen »sensationellen«, immer aber einen »Sieg« (weswegen es ein Leichtes ist, Sportübertragungen in einer fremden Sprache zu folgen, wenn man die Namen der Athleten kennt). Sport wurde auf einen einzigen Aspekt reduziert, der mir meist belanglos erschien, denn ich kannte keinen der antretenden Kanuten, Bogenschützen oder Gewichtheber, insofern war es mir egal, wer von ihnen gewann. Der Reichtum menschlicher Phantasie, die jede Sportart zu einem lebendigen Kunstwerk formt, wurde auf einen simplen binären Code reduziert: Daumen rauf oder Daumen runter. Die Choreographie der Abläufe, der soziopolitische Hintergrund der Regeln, die Physik der Bewegung und die Medizin der Anstrengung fanden kaum Erwähnung. Stattdessen pfiffen im aufdringlichen Hintergrund die Branding-Brigaden das olympische Marschlied: *The sponsor takes it all.*

Woher dieser Kult des Siegens? Diese Obsession der Zahl der Triumphe? Wieso macht es für den Sportler einen existentiellen Unterschied, ob er sechs- oder siebenmal Gold erringt? Wieso ist es von Bedeutung, dass irgendein Land im Fernen Osten elf anstelle von zuletzt neun Medaillen gewonnen hat? Die vielbeschworene Tragik des Leistungssportlers besteht nicht darin, dass er verliert, sondern darin, dass er *fast* gewinnt bzw. *knapp* verliert. Diese Dramatik des engen Ausgangs wird von den Moderatoren mit sich überschlagender Stimme und operettenhaftem Gehabe ausgeschlachtet. Wenn aber die Niederlage einem Wimpernschlag geschuldet ist, könnte man sie genauso gut als Nichtigkeit betrachten. Einer Hundertstelsekunde, einem Millimeter so viel Bedeutung beizumessen (zumal nach einem stundenlangen Wettkampf und jahrelangem Training) banalisiert die Schönheit der Tätigkeit, die bei den Olympischen Spielen angeblich gefeiert werden soll: des Sports.

»Dabei sein ist alles!« So wird die berühmteste Aussage des Neugründers der olympischen Bewegung, Pierre de Coubertin, salopp überliefert. Wortwörtlich sagte er 1908 in London: *L'important dans ces Olympiades, c'est moins d'y gagner que d'y prendre part.* (Das Wichtigste an diesen Olympischen Spielen ist nicht das Siegen, sondern das Teilnehmen.) Und präzisierte im Anschluss: *L'important dans la vie ce n'est point le triomphe mais le combat; l'essentiel ce n'est pas d'avoir vaincu mais de s'être bien battu.* (Das Wichtige im Leben ist nicht der Triumph, sondern der Kampf. Das Wesentliche ist nicht, gesiegt, sondern gut gekämpft zu haben.)

Bekanntlich gelten Propheten nichts in der eigenen Religion. Auch wenn dieser Satz oft beschworen wird, angesichts der heutigen Realität klingt er hohl und verlogen. Nicht nur die Siege, auch die Platzierungen werden minutiös gewertet und bewertet, gemessen und bemessen, Finanzierungen und Investitionen daran geknüpft. Der Medaillenspiegel ist das olympische Testament. Das zweite, ebenso berühmte Credo – »citius, altius, fortius« (schneller, höher, stärker), formuliert von dem Dominikanerpater Henri Didon – folgt einer Wachstumslogik, die zu vielen Pervertierungen des Sports geführt hat, nicht nur zum Doping, sondern auch zu steigenden Anforderungen, die selbst Profis (fast) überfordern. Ist es wirklich heroisch, dass Athleten zehn Jahre ihres Lebens opfern, um zehn Sekunden schneller zu werden? Das »Höher hinaus« als geistige Übung, gemessen nicht in Minuten oder Metern, sondern in Erfahrung und Einsicht, ist hingegen in Vergessenheit geraten.

Ich weiß nicht, an welchem Tag während der Olympischen Spiele in London es geschah, aber mit einem Schlag (einem Ippon, einem Smash, einem Wurf) wurde mir bewusst, dass es für mich nur eine Reaktion auf diese Enttäuschung geben konnte: Ich musste die passive Rolle des Glotzers ablegen und den Sportler in mir wiederbeleben. Vom Voyeur zum Akteur! Also sprang ich vom Sofa auf und kramte aus der hintersten Ecke meines Schranks die alten Joggingsachen hervor. Das Trikot saß so eng, dass ich einer gestopften Leberwurst ähnelte. Souverän ignorierte ich mein Spiegelbild und trappelte das Treppenhaus hinunter. Nach einigen Kilometern war ich zwar außer Atem, aber zugleich euphorisch. In diesem verschwitzten Augenblick schoss mir ein vermessener Gedanke durch den Kopf: Ist der wahre Olympionike nicht derjenige, der sich allen Disziplinen aussetzt? Wieso täglich das gleiche Gericht essen? Wieso nur eine Sprache lernen? Wieso jeden Urlaub an denselben Ort fahren? Wieso sich beschränken bei so viel Auswahl? Ein kleiner Schritt im Kopf, unzählige Schritte (Sprünge, Züge) in der Realität. Allerdings konnte ich in dieser Stunde der unschuldigen Begeisterung nicht ahnen, was alles auf mich zukommen würde. Nur eines war mir von Anfang an klar: Der einzige Mensch, den es zu besiegen galt, war ich selbst.

Ich habe ein Leben lang Sport getrieben und ein Leben lang bedauert, nicht mehr Sport zu treiben. Ich war nie eine Sportskanone, aber auch nie ein Stubenhocker. Es gab Phasen, in denen mein Ehrgeiz erwachte, es gab lange Winter des Müßiggangs. Insofern war ich für dieses Experiment wie geschaffen. Was immer mir gelingen würde, könnte vielen anderen ebenso gelingen. Zunächst musste ich mir, nach einer längeren Lesereise mit alkoholisierten und nikotinisierten Abenden, eine gewisse Grundfitness aneignen. Das erste halbe Jahr verwendete ich darauf, mir eine solide Kondition anzutrainieren. Als neues Mitglied in einem schicken Fitnessklub nahm ich Stunden bei einem *Personal Trainer*. In diesem Zeitraum weihte ich so gut wie niemand in mein Projekt ein, um Reaktionen wie etwa »Du willst hundertfünfzig Kilometer Radfahren? Du? Der Wampenträger als Wasserträger!« zu vermeiden. Heimlich, still und leise kaufte ich mir neue Trikots und schnürte die Laufschuhe.

Nach einigen Monaten war ich ausreichend wiederhergestellt, um anderen von meinem Projekt erzählen zu können, ohne einen Lachanfall hervorzurufen. Die Reaktionen fielen trotzdem nicht immer ermutigend aus. Die meisten vermuteten ein Missverständnis und fragten erst einmal nach. Dann fragten sie noch einmal nach. Viele schüttelten ungläubig den Kopf und erklärten mich für verrückt. Sie waren zwar beeindruckt, aber eher wie von einem indischen Fakir, der einen langen Pilgerweg auf Händen und Knien zurücklegen will. Einzig ein Freund, der seine Freizeit seit Jahren damit verbringt, für Ironman-Triathlons zu trainieren, reagierte mit emphatischer und solidarischer Begeisterung. Von dick bis dünn wurde ich unterstützt von meiner Frau, die sich selbst Kriemhild nannte, kaum gebärdete ich mich wie Siegfried. In den langen Jahren des Trainings hatte sie reichlich Gelegenheit, ihre Augenbrauen zu einem skeptischen Bogen zu krümmen, wenn sie mich bei einer merkwürdigen, schief ausgeführten Übung ertappte. Kriemhild hüpft lieber, als dass sie läuft, planscht lieber, als dass sie schwimmt, schaukelt lieber, als dass sie turnt, zumal sie das Leben mit einem lädierten Knie meistern muss. Gemeinsames Training war also nur beim Schießen und Segeln angesagt, doch Ersteres interessierte sie nicht, bei Letzterem ging sie baden. Zwischendurch hüpften wir nebeneinander auf dem Trampolin.

Im ersten Überschwang wollte ich alle Disziplinen der Sommerspiele ausüben, bis mir bewusst wurde, dass ich auf die Mannschaftssportarten würde verzichten müssen. Es war schlichtweg nicht praktikabel, zehn bzw. fünf andere Sportler auf meinem Niveau zu finden, die bereit wären, kurz, aber intensiv mit mir zu trainieren. Aber es blieb ja Arbeit genug übrig: dreiundzwanzig Sportarten, achtzig Disziplinen. Als Nächstes musste ich dieses gewaltige Programm auf gut drei Jahre verteilen. Einige Entscheidungen ergaben sich von selbst: Der Zehnkampf würde einen krönenden Abschluss bilden. Ebenso der Marathon, in der Hoffnung, dass ich gegen Ende des langjährigen Trainings die nötige Fitness aufbringen würde. Da ich stets einige Sportarten parallel würde trainieren müssen, legte ich mir einen Plan zurecht, der konditionell anstrengende Tätigkeiten mit Disziplinen paarte, die eher technische und geistige Anforderungen stellten. Am Schießstand sparte ich die Energie, die ich für den langen Lauf danach brauchte; Segeln und Fahrradfahren ergänzten sich gut, ebenso Tischtennis und Schwimmen.

Um Effizienz bemüht, setzte ich Trainingseinheiten aus exzentrischen Duathlons und Triathlons zusammen. So nutzte ich das häufige Kentern bei meinen ersten Kajakstunden, um für eine Weile die richtige Wasserlage beim Schwimmen zu üben, während ich umgeben von Algen in einem Seitenkanal der Donau dahintrieb. Ich lockerte die Arme, zog die Schultern nach vorne, spannte den Bauch an und schlug leicht mit den Füßen aus, neben mir das Boot, das ich sofort umgedreht hatte. Nach dem Abtrocknen lief ich die acht Kilometer nach Hause. Auf dem Weg zu einer Trainingseinheit oder auf dem Rückweg vom Einkaufen setzte ich jeden meiner Schritte mit durchgedrücktem Knie, wie es das Sportgehen erfordert, ungeachtet der verwunderten Blicke, die ich erntete. Auf die Meinung der Nachbarschaft konnte ich bei einem so dichtgedrängten Programm keine Rücksicht nehmen.

In einer typischen Woche lief ich am Montag Intervalle, lernte am Dienstag die Riposte im Degenfechten, versuchte ich mich am Mittwoch an verschiedenen Schlagkombinationen unter der Ägide einer 78-jährigen Boxlegende. Oder ich trainierte Badminton, eilte aus der Stadt hinaus in die Berge, um am nächsten Morgen einen reißenden Fluss mit dem Kajak hinabzufahren, bevor ich mich am übernächsten Tag pünktlich an der Leichtathletikanlage im Prater zum Zehnkampftraining einfand. Wenn das Wetter für das Rudern unvorteilhaft war, ging ich segeln, und umgekehrt. Manchmal kam ich mir vor wie in der Karikatur *The Seven-Second-Workout* aus *The New Yorker*, auf der ein Mann mit Glatze und überlangen Schuhen mit einer Geschwindigkeit von zwanzig Meilen pro Stunde eine Steigung von fünfzig Grad hinaufrennt, während er fünfhundert Kilo stemmt.

Trainieren geht über Studieren, heißt es. Aber wer nicht studiert, der trainiert falsch. Soviel auch über das Trainieren nachgedacht und geschrieben wird, die Grundprinzipien sind denkbar einfach. Um seine körperliche Leistung zu verbessern, muss der Mensch regelmäßig und in Einheiten von gesteigerter Intensität und Dauer in einer Mischung aus Wiederholung und Abwechslung üben. Alles Weitere ist Feinarbeit. Das ist seit langem bekannt. Neu ist höchstens das Konzept des hochintensiven Intervalltrainings (auf Englisch HIIT, was eher wie eine seltene Krankheit klingt, die man sich im Regenwald von Borneo holen kann), ein professionelles Verfahren, das inzwischen bis zu den ambitionierten Hobbysportlern hinabgesickert ist. Kondition wird nicht allein durch ausdauerndes Training aufgebaut, sondern durch kurze, besonders fordernde Übungen, durch auf die Spitze getriebene Anstrengung. Kurze Sprints oder extrem schwere Gewichte, bei denen die Sportler alles geben müssen. Den Spruch *no pain no gain* schreibt diese Methode auf den Muskelkater. Weswegen jene Gurus, die bei geringem Zeitaufwand enorme Fortschritte vorhersagen, keineswegs das Blaue vom

Himmel versprechen. Ob solche auf die Spitze getriebene Effizienz die Freude am Sport steigert, ist eine andere Frage.

Wie jeder Konvertit vertiefte ich mich in die heiligen Schriften. »Das große Laufbuch«, »Das große Fitnessbuch«, »Die Trainingsfibel«, »Alles, was Sie wissen müssen über Übungen, die ein jeder ohne weitere Hilfsmittel innerhalb von zwölf Minuten überall absolvieren kann«. »Ich lerne Fechten«, »Boxen basics«, »Badminton Training«. Jedes Mal kam ich mir wie ein Abc-Schütze vor. Ich informierte mich über alle technischen Hilfsmittel. Mein Bruder schenkte mir ein Gerät, das ein strenges Akronym trug (TRX) und von einem Soldaten der US-Navy-SEALs während eines Einsatzes in Asien entwickelt worden war, der sich vor lauter Sehnsucht nach dem heimischen Fitnessstudio mit einem Tau und den Strippen eines Fallschirms behalf. (So wie einst Joseph H. Pilates, Boxer und Zirkusartist in London, nach dem Ausbruch des Ersten Weltkriegs von den Briten interniert, obwohl er Scotland-Yard-Beamten Selbstverteidigung beigebracht hatte, in der Not aus Einrichtungsgegenständen Sportgeräte gebastelt hatte.) Inzwischen sind die TRX-Seile wie auch die Pilates-Geräte modisch aufgepeppt und erfüllen hauptsächlich den Zweck, faulen Entschuldigungen den Garaus zu machen. Ebenso gewissenhaft studierte ich die Evangelien der richtigen Ernährung und entschied mich auf diesem sektiererischen Markt für eine strenge Low-Carb-Diät, schränkte somit meinen Konsum von Kohlenhydraten extrem ein, was allmählich zu einem Frühstück führte, über das sich alle Freunde lustig machten: Linsen, Sauerkraut, Ei und Hüttenkäse, indisch gewürzt.

Schon nach wenigen Wochen realisierte ich, dass mein Körper ein Buch war, in das ich bislang kaum hineingelesen hatte. Ein erstaunliches, sich selbst fortschreibendes Buch, das immer wieder neue Kapitel auftat. Nach jeder ersten Trainingseinheit einer neuen Sportart deklinierte mein Körper

Muskeln, die nie zuvor zur Sprache gekommen waren. Die Erkenntnis, dass es über sechshundert verschiedene gibt, wurde mir subkutan vermittelt. Richtig trainieren, das begriff ich allmählich, bedeutet nichts anderes, als eine ehrliche Unterhaltung mit dem eigenen Körper zu führen.

Kriemhild achtete auf jede Veränderung an mir. Nach einem Jahr Training klatschte sie in die Hände und rief begeistert aus:

»Du hast ja einen Twopack.«

»Was soll das denn sein?«

»Ein Drittel eines Sixpacks.«

Ich fühlte mich gehörig geschmeichelt und sah mich vor meinem inneren Auge auf dem nächsten Cover von Men's Health: »Twopack in sechs Monaten. Das neue Wundertraining.« Vom Ehrgeiz gepackt, eilte ich in die nächste Buchhandlung und kaufte mir das jüngst erschienene Werk »Sixpack in 66 Tagen«. Ich hatte die Wahl zwischen »Sixpack in 6 Wochen«, »Sixpack in 90 Tagen«, »Die Sixpack-Strategie« sowie einer Vielzahl anderer Sixpackiana. (»Ohne die Sixpack-Bücher«, vertraute mir die Buchhändlerin an, »hätte ich den Laden schon längst dichtmachen können.«) Alle diese Werke, unabhängig davon, ob sie eher gymnastisch fokussiert oder ernährungsphysiologisch-stoffwechseltechnisch versiert sind, erteilen in der Quintessenz ein und dieselben Ratschläge:

1. Weniger essen.
2. Richtiger essen.
3. Mehr trainieren.
4. Richtiger trainieren.

Das sind sie, die vier Geheimnisse des Sixpack-Mysteriums, meine Urformel des Waschbrettbauchs, die mich in den Ratgeberolymp katapultieren wird.

Die Zeit drängte, und es war nicht immer leicht, einem Trainer, der sein Leben einer bestimmten Sportart gewidmet hat, zu vermitteln, dass ich mich im Schnellverfahren, in einigen Wochen oder Monaten, vom blutigen Anfänger zu einem halbwegs akzeptablen Hobbysportler wandeln wollte, der im besten Fall in der Lage sein würde, an einem Wettkampf teilzunehmen und den letzten Platz zu gewinnen. Bei jeder Begegnung mit einem neuen Trainer erntete ich erst einmal Kopfschütteln ob der geringen Zeit, die ich zu investieren gedachte, um die Sportart kennenzulernen, von der ein jeder Trainer annahm, sie sei komplex und schwer zu erlernen. Selten sagte ein Trainer: Kein Problem, das kriegen wir im Handumdrehen hin. Manche überzeugten mich, dass mein Unterfangen in ihrer Sportart schlichtweg unsinnig und unmöglich sei (etwa im Reiten oder im Turnen), weswegen ich mich in solchen Fällen mit einem Anfängerkurs und ein wenig teilnehmender Beobachtung begnügen musste.

Um nicht ins Blaue hinein zu trainieren, hatte ich mir bei jenen Sportarten, die messbare Ergebnisse hervorbringen, das Ziel gesetzt, halb so gut wie der Olympiasieger von London 2012 zu sein. Das erwies sich in manchen Disziplinen als einfach (etwa beim Luftgewehrschießen), in anderen als unmöglich (etwa beim Wasserspringen), bestimmte aber oft erstaunlich genau die Grenze des für mich Erreichbaren. Bei anderen Sportarten, etwa den Ballsportarten, konnte ich nicht mehr anstreben, als das Alphabet der Schläge zu erlernen. Es kam mir entgegen, dass die meisten Trainer Wert auf eine solide Ausbildung der technischen Fertigkeiten legten. Auch wenn sie wussten, dass wir kein stabiles Haus würden bauen können, bestanden sie auf einem soliden Fundament. Allerdings fingen einige von ihnen während der gemeinsamen Trainingszeit Feuer, wandelten sich zu begeisterten Mittätern, die mich anspornten und antrieben.

In den meisten Sportarten erlebte ich einen Moment der Erkenntnis und Offenbarung, einen Durchbruch, einen Quantensprung (nur für mich natürlich: Mann, Mond und die Metaphorik der Schritte), einen Moment, in dem ich etwas Wesentliches über die jeweilige Disziplin begriff und soweit verinnerlichte, dass ich es umzusetzen vermochte. Das waren Glücksmomente. Einmal, in einer Juliwoche 2014, geschah dies in verschiedenen Disziplinen an aufeinanderfolgenden Tagen. Am Mittwoch gelang mir in einem Freibad, bei entgleitender Abendsonne, die entscheidende Hüftrotation, die müheloses Kraulen ermöglicht. Und am Donnerstag, auf einem Seitenarm der Donau, paddelte ich, auf einem kippligen Kajak sitzend, mehr als eine Stunde, engagiert und gelegentlich beschleunigend, ohne zu kentern (beim vorangegangenen Training war ich bei einem heftigen Wind, der die Wasseroberfläche aufraute, sechsmal ins Wasser gefallen).

Solche Erfolgserlebnisse blieben bestehen, wurden weder relativiert noch zunichtegemacht durch die folgenden Rückschläge, denn ich betrieb die jeweilige Sportart nicht ausgiebig genug, um den unweigerlich einsetzenden Frust der gekrümmten Lernkurve – zunächst schneller Fortschritt, der allmählich abflaut, bis er sich sogar ins Gegenteil verkehren kann – zu erfahren. Im Gegenteil, ich war motiviert durch die rasanten Fortschritte, die mich nach wenigen Trainingsstunden in jede Sportart so hineinführten, dass ich meist ihrer Faszination erlag, ihren besonderen Reiz erkannte, ihre Schwierigkeiten ermessen konnte. Es ist erstaunlich, wie schnell man, als mittelmäßiges Talent in mittleren Jahren, eine völlig unbekannte Tätigkeit derart erlernen kann, dass sie einem Freude bereitet. So intensiv, dass ich bei jedem Neuanfang eine unerwartete Sehnsucht nach der aufgegebenen Sportart spürte, bevor eine neue Faszination die entstandene Leerstelle füllte.

In meinem Buch beschreibe ich die vier Jahre meines Lebens zwischen den Olympischen Sommerspielen in London und denen in Rio de Janeiro 2016. Vier Jahre, in denen ich fast jeden Tag sportelte oder, wenn ich aus Zwang oder freiem Willen eine Pause einlegte, über Sport nachdachte. Vier Jahre, in denen ich oft in mich hineingehorcht und mich beobachtet habe. Vier Jahre, in denen ich intensiver gelebt habe als sonst. Vier Jahre, in denen ich viel über den Menschen erfahren habe, über seine Sinne und Sehnsüchte, seine Ambitionen und Illusionen. Zweifellos, Sport ist Kampf. Doch Wettkampf, nicht Konflikt. Wichtiger als das Kräftemessen mit einem Kontrahenten ist die Überwindung aller Widerstände, des Wassers, der Luft, das Verschieben der Grenzen der eigenen Anatomie und des eigenen Geistes.

Ich habe einiges über mich selbst erfahren, was ich in diesem Buch gelegentlich anspreche, obwohl ich der modischen Sprache der Selbsterkenntnis misstraue. Entdecke dich selbst! Du kannst mehr, als du glaubst! Wachse über dich hinaus! In dir schlummert ein Tiger (oder irgendein anderes vom Aussterben bedrohtes Tier)! In unseren durchökonomisierten Zeiten wird Selbsterkenntnis zu einem Bestandteil der erstrebenswerten Flexibilität reduziert, die einem ermöglicht, konkurrenzfähig zu bleiben, vergleichbar dem regelmäßigen Dehnen der Muskeln. Ein Satz wie »*You're stronger than you think*« (prangt auf einer meiner Trinkflaschen) ist grundsätzlich weder falsch noch richtig, als Werbespruch aber verdächtig glatt. Man stellt sich gleich einen Coach mit dem Aussehen von Tom Cruise beim Wochenendseminar mit Powerpoint-Präsentation vor: Gehe an deine Grenzen, und du wirst alle Hindernisse überwinden. Die Wahrheit ist, dass man oft schwächer ist, als man denkt, und dass man immer wieder scheitert an den Hürden, die einem das Schicksal oder der eigene Übermut in den Weg stellt.

Sport ist aber auch eine kulturelle Leitidee, übernimmt eine wichtige Funktion in der Gesellschaft. Die militärischen Ursprünge (Disziplin, Selbstüberwindung, Härte) wirken genauso nach wie die inhärenten sozialen Absichten (Kameradschaft, Solidarität, Gemeinsamkeit). Jene, die sich einer Sportart verschrieben haben, betrachten diese entweder als Kunst, als Wissenschaft oder als Religion. Wenn sie reden, ob in Zahlen oder Chiffren oder Schibboleths, offenbaren sie einen affirmativen Gestus oder einen emanzipatorischen Anspruch. Beides wirkt nebeneinander, manchmal sogar miteinander. Die althergebrachten Rituale, die in manch einer Sportart den Rahmen setzen, die Stimmung beeinflussen, werden von den einen streng eingehalten, von anderen spöttisch unterlaufen. Alle Sportler partizipieren an den kultischen Handlungen, manche als Hohepriester, andere als Ketzer.

Sport weckt Emotionen, provoziert Haltungen. Ich traf auf Apodiktiker und Rabulistiker, auf Häretiker und Fanatiker. Ich erlebte ideologische Grabenkämpfe zwischen Rationalisten und Esoterikern, zwischen Technomanen und Intuitiven. Einmal, beim Bogenschießen, wurde ich zu einem unschuldigen Pfand in einer Schlacht zwischen zwei Trainern mit unterschiedlichen Lehrmeinungen. Sport stiftet für viele der Menschen, die ihn intensiv betreiben, existentiellen Sinn. Sie werden von dieser Tätigkeit »davongetragen«, gemäß der etymologischen Herkunft des Wortes Sport aus dem lateinischen *de(s)portare*. Beim Training behalten sie die Zeit im Blick, weil sie meistens auf bestimmte Ziele hin trainieren. Danach, auf dem Sportplatz oder im Klubraum oder im Gasthaus, werden eigene und fremde Leistungen noch stundenlang besprochen. Bei Wettkämpfen wird ein erstaunlicher Ehrgeiz an den Tag gelegt. Wer sich einbildet, die älteren Semester würden mit abgeklärter Weisheit und ironischer Brechung in den Wettkampf trotten, wird eines Besseren belehrt. Gerade bei den Senioren begegnet man einer Ambition, die zunehmend lauter nach Verwirklichung schreit, weil sie zu lange nicht befriedigt wurde. Sport ist eine Arena der Leidenschaften. Für nicht wenige der Menschen, mit denen ich trainieren durfte, war der Sport ein zentraler Bestandteil ihres Lebens, für manche von ihnen wichtiger als ihr Beruf, eine Tätigkeit, bei der sie eine Reise vom Ich zum Selbst vollzogen, oft zusammen mit anderen. Wer also – so wie ich – die Welt des Sports durchstreift, holt sich nicht nur einen Sonnenbrand und einen Twopack (beides vergänglich), sondern erfährt einiges über das Wesen des Menschen (von Dauer). Sport ist eine anthropologische Konstante. Auch wenn der Mensch nur einem Ball hinterherjagt.

MATTHIAS WOLFSCHMIDT
»Nutztierhaltung – ohne Zukunft?«

München Anfang 2016: Im Internationalen Congress Center hat die einflussreiche Deutsche Landwirtschafts-Gesellschaft (DLG) zu ihrer Wintertagung geladen. In Saal 5 steht Matthias Gauly am Rednerpult, in den Stuhlreihen vor ihm warten etwa hundert Landwirte und Vertreter der Agrar- und Ernährungswirtschaft gespannt auf seinen Vortrag. Matthias Gauly ist bekannt in der Szene, er ist Agrarwissenschaftler und Veterinärmediziner, er lehrte an der Universität in Göttingen und lehrt jetzt in Bozen, außerdem ist er seit vielen Jahren Mitglied im *Wissenschaftlichen Beirat für Agrarpolitik* beim Bundesministerium für Ernährung und Landwirtschaft. An diesem Tag in München sind die Zuhörer besonders gespannt auf das, was Gauly sagen wird, denn es ist erst wenige Monate her, dass eben dieser Beirat, dem Gauly angehört, für einen Paukenschlag sorgte, als er im Frühjahr 2015 ein Gutachten über die Nutztierhaltung in Deutschland vorlegte. Noch bevor der Redner in München überhaupt den Mund aufmacht, steht ein Satz aus diesem Gutachten im Raum, der die Branche erschütterte. Niemand spricht diesen Satz aus, und doch ist er so präsent, als stünde er für alle sichtbar auf einem riesigen Transparent über der Bühne. Und jeder hier in Saal 5 weiß, dass der Mann dort vorne am Pult für diesen Satz steht: »Die derzeitigen Haltungsbedingungen eines Großteils der Nutztiere sind nicht zukunftsfähig.«[1]

Für die Landwirte, ihre Funktionäre und die ganze Branche war und ist dieser Satz bis heute eine Kampfansage, ein unerhörter, ein unerträglicher Vorwurf, ein Angriff auf eine Berufsgruppe, die ohnehin schon um Akzeptanz kämpft. Denn der Satz bringt zum Ausdruck, dass die Tierqual in den Ställen nicht die Ausnahme ist, sondern die Regel, er bringt zum Ausdruck, dass es in den Ställen so nicht weitergehen kann. Der Satz stellt die Systemfrage.

In dem Gutachten des *Wissenschaftlichen Beirats* mit dem Titel »Wege zu einer gesellschaftlich akzeptierten Nutztierhaltung« stehen noch mehr unerhörte Sätze wie jener von den »nicht zukunftsfähigen Haltungsbedingungen«. Sätze, vor denen sich Bundeslandwirtschaftsminister Christian Schmidt (CSU) lieber wegduckte, indem er die öffentliche Entgegennahme des Gutachtens an seinen Staatssekretär delegierte.[2] Auf den 400 Seiten fordern Gauly und seine 14 Wissenschaftlerkollegen nicht weniger als eine radikale Neuausrichtung der Nutztierhaltung. Die Gutachter konstatieren »erhebliche Defizite vor allem im Bereich Tierschutz, aber auch im Umweltschutz«, sie klagen eine »neue Kultur der Erzeugung und des Konsums tierischer Produkte« ein; es seien »tiefgreifende Änderungen« nötig, die Tiere bräuchten mehr Platz, öfter Auslauf ins Freie, mehr artgerechtes Beschäftigungsmaterial in den Ställen. Dass Hühnern die Schnäbel gestutzt und Schweinen die Ringelschwänze abgeschnitten werden, »um sie an die Haltungssysteme anzupassen«, sei »nicht vertretbar und gesellschaftlich nicht mehr akzeptabel«, dennoch würde das Verbot der Ringelschwanz-Amputationen durch breite Ausnahmeregelungen unterlaufen;[3] auch der Einsatz von Arzneimitteln müsse deutlich reduziert werden. Das Ausmaß der Tierschutzprobleme sei »aus fachlicher Sicht nicht akzeptabel«,[4] sagen die Wissenschaftler apodiktisch und fordern Sofortmaßnahmen, darunter den Aufbau eines nationalen

»Tierwohl«-Monitorings, Qualifikationsnachweise und Fortbildungsverpflichtungen für Landwirte, außerdem mehr Kontrollen und härtere Sanktionen.

Schärfer kann ein *Wissenschaftlicher Beirat* das ihn beauftragende Ministerium und die dahinterstehenden Branchen kaum kritisieren. Und so reagierten die Angegriffenen wie erwartet: Der Deutsche Bauernverband (DBV) etwa tat die Wissenschaftler als »weltfern« und »romantisch-naiv« ab, ihr »fragwürdiges« Gutachten basiere teilweise auf »subjektiven Emotionen und Empfindungen«; ihre Feststellung, die Tierhaltung sei nicht zukunftsfähig, sei nur ein Postulat, keine wissenschaftliche Aussage.[5] DBV-Generalsekretär Bernhard Krüsken blockte das Gutachten verbal ab, als redeten die Wissenschaftler einfach nur Unsinn: »Ein radikaler Umbau mit der Brechstange führt die Landwirtschaft ins Abseits und bringt den Tierschutz nicht weiter.«[6]

Dabei war der Befund des *Beirats* nicht einmal überraschend. Seit Jahrzehnten sprechen Wissenschaftler von sogenannten *Produktionskrankheiten* bei den Nutztieren, von Krankheiten also, die maßgeblich durch die Art und Weise entstehen, wie die Tiere gehalten, gefüttert und betreut werden, wie viel sie leisten und wie sie gezüchtet wurden. Krankheiten also, die mit biologischen, technologischen und ökonomischen Aspekten des Produktionsverfahrens zusammenhängen. Typisch sind Entzündungsprozesse, die sich bei Rind, Schwein und Geflügel in Lunge, Leber, Darm, Gliedmaßen oder im Euter der Milchkuh abspielen.

Und seit Jahrzehnten belegen Recherchen von Tierrechtsorganisationen und Journalisten, dass in den Ställen massenhaft gegen das Tierschutzgesetz verstoßen wird. Landwirte und Ernährungswirtschaft nahmen derlei Vorwürfe meist routiniert zur Kenntnis, verwiesen auf »schwarze Schafe«, die es nun mal in allen Branchen gebe. Doch diesmal ist es anders:

Mit dem Gutachten des *Wissenschaftlichen Beirats* kommt die vernichtende Kritik von einem der höchsten Fachgremien. Die Kritik hat sozusagen regierungsamtliches Gewicht.

90 Prozent kranke Milchkühe und Schweine

In Saal 5 im Münchener Kongresszentrum ist die Spannung deshalb mit Händen zu greifen, als Matthias Gauly, jener Vertreter der angeblich »weltfernen« und »romantisch-naiven« Wissenschaftler, ans Rednerpult tritt. Gauly nimmt die Spannung lächelnd auf, er sagt: »Unser Gutachten hat schon fast alle Reaktionen hervorgerufen – nur körperliche Attacken sind bis heute ausgeblieben.«

Dann wirft der Tierarzt seine Folien an die Leinwand. Eine zeigt die Ergebnisse einer Studie über Milchkühe in Brandenburg, bei der gezählt wurde, wie viele Tiere innerhalb eines Jahres unter anderem an ihren Eutern, Beinen und Klauen erkrankt waren. Gaulys roter Laserpunkt wandert zur rechten Spalte der Statistik, sie führt den Anteil gesunder Tiere auf: Je nach ihrer Milchleistung liegen die Werte zwischen 8,6 und 13 Prozent.[7] »Wenn das die Zahlen für die kranken Kühe wären, könnte man ja zufrieden sein«, sagt Gauly, »aber es sind die Zahlen der gesunden Tiere.« Nur 8,6 bis 13 Prozent der begutachteten Kühe waren für die Dauer eines Jahres gesund. Gauly fährt fort: »Es gibt noch eine härtere Zahl«, sagt er und öffnet die nächste Folie zu einer Studie in mehreren Bundesländern; sie zeigt, wie lange Kühe zur Milchproduktion genutzt werden, bevor sie in den Schlachthof gebracht werden, die Werte liegen zwischen 32 und 38 Monaten. Kühe haben eine natürliche Lebenserwartung von etwa 15 bis 20 Jahren, im Milchkuhstall leben sie nach dieser Studie aber kaum länger als drei Jahre. »Nüchtern betrachtet, muss man sagen: Das ist weder aus Tierwohlsicht befriedigend noch ökonomisch sinnvoll«, erläutert Gauly.

Sein Laserpointer flackert über eine weitere Folie, die Bilder zeigen gerötete, unförmig angeschwollene Gelenke an den Hinterläufen von Mastschweinen in vier verschiedenen Schweregraden; es handelt sich um Schleimbeutelentzündungen, die sehr schmerzhaft sein können und unter anderem durch die Dauerreizung auf den harten Betonböden in den Ställen entstehen.[8] In der Studie, bei der knapp 1000 Schweine am Ende ihrer Mast untersucht wurden, hatten mehr als 90 Prozent der Tiere solche Schleimbeutel entwickelt. »Eine so hohe Zahl sollten wir nicht hinnehmen«, kommentiert Gauly, »das zeigt ganz klar, dass dringender Handlungsbedarf besteht. Nicht weil es andere wollen, sondern weil es aus Sicht des Tieres und aus ökonomischen Gründen notwendig ist.«

Die Zahlen über kranke Tiere, die der Veterinär den Landwirten an diesem Nachmittag präsentiert, sind nicht in ausgesuchten Problemställen erhoben worden, aus denen heimlich filmende Tierschützer mit Skandalbildern zurückgekehrt wären. Die Zahlen, die Gauly präsentiert, spiegeln den Alltag in deutschen Ställen wider, in denen gut 27 Millionen Schweine[9] leben, knapp 13 Millionen Milchkühe und Rinder[10] und etwa 175 Millionen Puten, Jung-, Lege- und Masthühner.[11] Und viele Millionen von ihnen sind krank.

Sie sind nicht in dem Sinne krank, wie es auch »im Humanbereich immer kranke Individuen geben wird«, wie die Deutsche Gesellschaft für Züchtungskunde das Problem einmal kleinzureden versuchte.[12] Die Nutztiere in Deutschlands Ställen entwickeln massenhaft Krankheiten und leiden, weil sie in ein System gezwungen werden, das ihre körperliche Anpassungsfähigkeit offenkundig überfordert. Deshalb bekommen viele Tiere vorbeugend Medikamente verabreicht, damit sie auch in großen Gruppen auf engstem Raum gesund überleben können. Den meisten Hühnern werden sogar vorbeugend die Schnäbel und den meisten Schweinen die Ringelschwänze gekürzt, um die Folgen massenhaft entstehender Verhaltensstörungen zu beherrschen. Und trotzdem picken und beißen sie sich gegenseitig krank und tot.

Produktionskrankheiten gehören zum System

Seit fünf Jahrzehnten berichten Wissenschaftler über die verschiedensten *Produktionskrankheiten*, die dennoch keiner staatlichen Erfassung, geschweige denn Kontrolle oder Regulierung unterliegen. Allein die Existenz des Begriffs *Produktionskrankheiten* belegt, dass es sich um ein Problem des gesamten Systems handelt und nicht um die Unfähigkeit einiger weniger Landwirte: Die Bedingungen, unter denen heute Fleisch, Milch und Eier produziert werden, machen Millionen Nutztiere systematisch krank.

Produktionskrankheiten entwickeln sich aufgrund vielfältiger Interaktionen der Tiere vor allem mit dem Nährstoffangebot, krank machenden Keimen und verschiedenen Einflüssen der Haltungsbedingungen. All diese Faktoren wirken auf das Tier ein, weshalb Erkrankungen von Nutztieren nicht ohne die Einbeziehung ihres gesamten Lebensumfelds verstanden, verhindert oder geheilt werden können. *Produktionskrankheiten* sind daher buchstäblich *systemimmanent*. Tiere mit entsprechenden Symptomen signalisieren, dass sie damit überfordert sind, sich den jeweiligen Lebensbedingungen anzupassen.

Deshalb ist der Landwirt gefragt, den Tieren Bedingungen zu bieten, die sie eben nicht überfordern und erkranken lassen. Gleichwohl wird es immer Tiere geben, denen diese Anpassung nicht gelingt, die erkranken oder sterben – und zwar in der »Massentierhaltung« genauso wie bei Kleinbauern, in Bio-Betrieben ebenso wie in konventionell arbeitenden Landwirtschaften. Ein neuer Erreger, eine veränderte Futtermischung, ein abrupter Klimawechsel, eine schlecht laufende Lüftungsanlage, ein ungewöhnlich aggressives Tier in der Gruppe, ein vom Landwirt übersehenes erstes Anzeichen für eine Erkrankung, Taubenkot im Futter – und schon werden aus gesunden, aber labilen Tieren kranke Tiere. Für sie bedeuten *Produktionskrankheiten* erhebliche Leiden und Schmerzen, für die Landwirte bedeuten sie wirtschaftliche Einbußen. Denn entweder haben die Bauern höhere Tierarztkosten und zeitlichen Aufwand, oder sie müssen die Tiere frühzeitig zum Schlachter geben, weil sich der therapeutische Aufwand nicht mehr lohnt. Die meisten *Produktionskrankheiten* können nur durch eine kosten- und arbeitsaufwendige Änderung der Lebensbedingungen der Nutztiere beseitigt werden. Diese Ursachenbekämpfung ist für den Landwirt ungleich teurer als die Leistungsverluste kranker Tiere und die Symptombekämpfung durch Antibiotika. Dementsprechend sind *Produktionskrankheiten* auch bei weitem der häufigste Grund dafür, dass Milchkühe, Muttersauen, brütende Hennen oder Jungtiere in ihren ersten Lebenswochen vorzeitig zum Schlachthof gebracht werden.

Die Tiere würden nicht automatisch gesund, wenn sie plötzlich auf die Weide dürften, wenn sie anderes Futter, einen anderen Stallboden oder mehr Beschäftigungsmaterial bekämen, wenn sie in geringerer Zahl oder in einem Bio-Betrieb gehalten würden. Die Wissenschaft weiß heute, dass die Antwort auf die Frage nach Gesundheit und Krankheit ein diffizil aufzudröselndes Bündel ist, in dem Züchtung, Fütterung, Haltung, Leistung, Transport und – oft unterschätzt – Stallmanagement ineinandergreifen. Stallmanagement bedeutet: Der Landwirt muss genügend Zeit und exzellentes Know-how haben, um es gut machen zu können. Vieles spricht dafür, dass die Höchstleistung, zu der die Tiere in den Ställen geradezu verdammt sind, eine zentrale Rolle spielt. Unter dem gleichzeitigen Diktat der Kostenminimierung verkommen die Tiere zu Produktionsfaktoren, die es zu optimieren gilt. Dass sie fühlende und leidensfähige Wesen sind, wird nebensächlich. Was zählt, sind die schiere Produktionsmenge und deren Erzeugungskosten.

Als sich Matthias Gauly am Ende seines Referats im Münchener Kongresszentrum den Fragen seiner Zuhörer stellt, geizt er nicht mit Lob. Nach dem Krieg sei es der Landwirtschaft gelungen, kostengünstige und sichere Lebensmittel zu erzeugen. »Aber jetzt kommen neue Ziele hinzu, vor allem das Tierwohl, und da hinken wir hinterher.« Es gebe tolle Ställe, meint Gauly, aber im Durchschnittsstall und noch mehr in den unterdurchschnittlich geführten Ställen gebe es beträchtlich Raum für Verbesserungen. »Viele Landwirte können aufgrund der Belastung nicht mehr ausreichend Zeit für das einzelne Tier aufbringen, sie können das Wachstum nicht mehr bewältigen.«

Die Zuhörer wirken verärgert, erregt. »Sie laufen dem Mainstream hinterher, Sie lassen uns im Regen stehen«, schimpft eine Viehhalterin aus Hessen unter dem Beifall des Publikums auf Gauly, »wir Landwirte tun alles, damit es unseren Tieren gutgeht.« Ein anderer ruft erbost in den Raum: »Wann ist es denn endlich gut? Wann könnten wir je das schaffen, was Tierschützer und NGOs von uns verlangen?« Und jetzt auch noch die vom Ministerium beauftragten Wissenschaftler. »Nie schaffen wir das!«, rufen viele im Saal, und ein Landwirt ruft zurück: »Genau! Der Tag wird nie kommen, an dem alle sagen: Jetzt ist alles gut.« Zu den Zahlen Gaulys über die kranken, leidenden Nutztiere gibt es keine einzige Frage, keinen einzigen Kommentar. Seine erschreckenden Befunde lösen sich einfach auf in der Ratlosigkeit und Verzweiflung seiner Zuhörer.

Der Tierschutz, der den Tieren Leid und Schmerz ersparen soll, steht auf dem Papier.

In den Ställen stehen millionenfach kranke Tiere.

Und in den Regalen und Kühltruhen der Supermärkte liegen ihre Produkte, von denen fast alle, die sie kaufen, glauben, es wären Lebensmittel von gesunden Tieren. Denn Krankheit ist keine deklarationspflichtige Zutat.

Die schmerzfreie Zone – Tiere in unserer Warenwelt

Wir suchen Tiere. Im Supermarkt. Wir suchen ihr Fleisch, ihre Lebern, ihre Nieren, ihre Zungen und Sehnen, wir suchen ihre Milch, ihre Eier, ihre Knochen und ihr Knochenmark, ihre Därme, ihr Blut. Würden die Tiere lebend im Laden stehen, es wäre ein kleiner Zoo mit Schweinen, Rindern, Puten, Hühnern, Wildschweinen, Lachsen, Hirschen, Thunfischen, Garnelen, Enten, Wachteln, Rehen, Hasen. Aber sie sind zerlegt und zerrieben, stückweise in Plastik verschweißt, tiefgefroren, pulverisiert, portioniert und durch den Fleischwolf gedrückt, in Konservendosen gepresst, als Rohstoff mit anderen Rohstoffen vermengt.

Berlin, Alexanderplatz, Galeria Kaufhof, die exquisite Lebensmittelabteilung im Erdgeschoss. Gleich am Eingang, fast lebensgroß, steht ein Hirsch oder ein Rentier, so genau lässt sich das nicht sagen. Das Lock-Tier ist aus Hartpappe-Puzzleteilen zusammengesteckt und steht inmitten eines Haufens italienischer »Pandoro«-Kuchen, die gern zu Weihnachten gegessen werden. Oben haben die rosafarbenen hutförmigen

Schachteln eine rote Henkelschleife zum Tragen, auf dem Kartonboden steht ganz klein, schwer lesbar, dass der goldgelbe Kuchen Eier, Butter, Speisefettsäuren, Magermilchpulver und Sahne enthält; auch die genannten Aromen können tierischen Ursprungs sein, wozu man aber nichts Näheres erfährt.

Ein paar Schritte weiter ein Regal mit Wildpasteten im Glas, auf den Schraubdeckeln Zeichnungen eines wühlenden Wildschweins und eines röhrenden Hirschs. Die Fasanenpastete besteht nur zu 20 Prozent aus Fasanenfleisch, 64 Prozent stammen vom Schwein; auch die Wildschwein- und die Hirschpasteten enthalten zu rund zwei Dritteln Fleisch und Leber vom Hausschwein. Gezeigt wird das wühlende und röhrende Wildtier, geliefert wird das eingesperrte Schwein vom Betonboden.[13]

Vorbei an Regalen voller Nudeln, in denen Tausende von Eiern verarbeitet sind, ohne dass sie auf den Verpackungen zu sehen sind. Vorbei an tiefgekühltem Seehecht, an Dorschleber- und Lachs-Konserven. Auf plastikverschweißten Medaillons steht: »Unser Thunfisch wird auf traditionelle Art auf den Malediven handgeangelt«, die Verpackung zeigt eine Palmeninsel mit einem buntbemalten Fischerboot, aus dem eine Angel ins Wasser ragt – eine Bildsprache wie im Kinderbuch, es fehlt nur noch das runde Gesicht des dösenden Anglers mit Strohhut. Daneben Pangasius, angeblich »ausschließlich aus verantwortungsvoller Fischzucht aus dem Mekong-Delta«[14].

Wir stehen vor einem Regal mit haltbarer Milch. Die bayerische Molkerei Weihenstephan verpackt sie ohne jeglichen Bezug zu Tieren: Kühles Blau dominiert den Karton, in einem Glas schwappt gleißend weiße Milch;[15] eine ganze Kartonseite ist reserviert für Informationen über das Verpackungsmaterial, das aus nachhaltig bewirtschafteten Wäldern stammen soll – um »zu schützen, was gut ist«; Informationen über die Milchkühe, ihren Schutz, ihre Haltung – Fehlanzeige. Bei Weihenstephan wird die Milch zum puren »Rohstoff«, der nicht aus Eutern zu kommen scheint, sondern aus silbernen sterilen Molkereitanks. Wie beim Mutterkonzern Müller,[16] der Milchdrinks mit Pistazien-Kokos-Geschmack, mit Eiskaffee- oder Bananengeschmack in grellbunte Plastikflaschen füllt, die beim Öffnen ein »Muuh« von sich geben: das unsichtbare Tier als Gag-Lieferant für ein Gewinnspiel. Oder, wie bei der »Landliebe«-Milch, als Kuscheltier: Gegen ausreichend Kassenbons verschickt die Molkerei »Kuscheldecken«, »Kuschelkissen« und die Kuschelkuh »Lotte«; als Stofftier darf die Schwarzbunte Hörner tragen, anders als die meisten echten »Landliebe«-Milchkühe im Stall. Bei Dr. Oetkers Kinderpudding PAULA mutiert die Kuh zur »coolen« Comicfigur mit Sonnenbrille, ihr Fell ist mal gelb, mal schokobraun gepunktet, passend zu den Puddingsorten Vanille und Stracciatella.[17]

Man findet auch Bilder von echten Kühen. Schwarzbunte in tiefgrünen irischen Küstenlandschaften. Braunvieh auf Almen vor schneebedeckten Gipfeln. Dazu die Bekenntnisse ihrer Halter: Landwirt Michael Stuffer vom Adlerhof im oberbayerischen Samerberg, Markenbotschafter des »Bergbauern Käse«, präsentiert sich auf der Verpackung sensenschwingend in einer blühenden Wiese, er trägt Rauschebart, Hut und Hosenträger und sagt den Satz: »Unser Hof ist ein kleiner Familienbetrieb – aus Überzeugung«; auf den hochgelegenen Wiesen bekämen seine Kühe hundert verschiedene Kräuter zu fressen.[18] Oder Hans-Lothar Hüttmann aus Schleswig-Holstein: Auf einer Arla-Milchtüte versichert der Bio-Bauer: »Wenn meine Kühe glücklich sind, bin ich es auch. Den Großteil des Sommers verbringen sie deshalb draußen auf der saftigen Weide, es sei denn, sie liegen gerade zum Dösen im Stall. Kein Stress, viel Platz für Auslauf und bestes Futter, ganz ohne Gentechnik. Ich sag mal so: Wenn es den Kühen gutgeht, dann schmeckt auch die Milch gut.«[19]

Dass der Bauer zufrieden ist, wenn seine Kühe gesund sind, kann man verstehen. Unsinn ist es aber, aus dem Geschmack einer Milch, die ein stark verarbeitetes Produkt ist, auf den Gesundheitszustand der Kühe zu schließen. Tatsächlich werden, wie in diesem Buch noch gezeigt wird, täglich Millionen von Litern Milch verarbeitet, die nachweislich von kranken Kühen stammen.

Achselzucken statt Antworten

An der Fleisch- und Wurstfachtheke bei Galeria Kaufhof am Berliner Alexanderplatz, laut Eigenwerbung eine Adresse für »Gourmets«,[20] drehen sich die Grillhähnchen in der Hitze. Wir fragen, woher die Tiere kommen. »Aus Italien«, antwortet der Grillmeister. Wissen Sie, wie die Tiere gehalten wurden? Der Mann sucht nach Unterlagen, findet nichts, schüttelt den Kopf – »ich kann nur sagen, dass sie aus Italien kommen.« Der Gourmet bleibt bei diesem Grillmeister in diesem Lebensmittelgeschäft ein ahnungsloser Kunde. Auf Salamiwürsten, ebenfalls aus Italien kommend, wird mit »kontrollierter Aufzucht« geworben – eine nahezu bedeutungslose Aussage, die nur die Selbstverständlichkeit beschreibt, dass ein Tierarzt gelegentlich in die Ställe schaut. Was er dort vorfindet – es bleibt sein Geheimnis. Wo mächtige Schinkenkeulen dicht an dicht von der Decke hängen, fragen wir, ob die Wildschweine im Gatter gehalten wurden oder in freier Wildbahn lebten? Die Antwort der Fachverkäuferin: Achselzucken. Neben der Kindermarke »Bärchen-Wurst« stoßen wir auf acht Leitzordner mit Produktinformationen: »Werte Kunden, entnehmen Sie bitte die Inhaltsstoffe den Ordnern.« Acht Ordner über Allergene und Zusatzstoffe, aber kein einziges Wort zu Haltung und Gesundheitszustand der Tiere.

Was Tiere angeht, ist der Supermarkt ein ganz eigenes Theater – eines, in dem der Vorhang meist geschlossen bleibt. Was wirklich gespielt wird, erfährt niemand. Nur gelegentlich tritt einer vor den Vorhang und verkündet Standardsprüche, macht Allerweltsaussagen. Manchmal geht der Vorhang sogar auf, dann ist die Bühne mit Kulissen idyllischer Landschaften, gesunder Tiere und uriger Bauern hergerichtet, mit anheimelnden Schreibschriften im Manufakturstil, mit prächtig gefiederten Hühnern, die vor lauter Glück – aber gegen jede Natur – gleich drei Eier ins gräserne Nest legen; bei der Kindervorstellung marschieren gern knuffige Bärchen, Comic-Kühe und süße Ferkel auf.

Es gibt in diesen Aufführungen keine Melkroboter und betonierten Stallböden ohne Stroh, keine stundenlangen Tiertransporte und erst recht keine Schlachthöfe, keine Muttersauen, die wochenlang fast bewegungslos zwischen stählernen Stangen ausharren müssen. Es gibt in diesen Stücken keine Euterentzündungen, verletzten Gelenke, kupierten Schwänze und Schnäbel, keine abgeschliffenen Zähne, keine kranken Organe, keine vergasten Küken und betäubungslos kastrierten Ferkel, keine massenhaften Antibiotikagaben. Obwohl all dies zum Alltag von Millionen von Nutztieren gehört. Weil die Art, wie sie gezüchtet, gefüttert und gehalten werden, sie krank macht vom ersten Tag an. Trotzdem sind ihr Fleisch, ihre Milch und Innereien, ihre Eier, Knochen, Sehnen und ihr Blut die Rohstoffe für unsere Lebensmittel. Unsichtbare Zutaten für das, was wir täglich essen.

Tiere als Zutat sind verarbeitet in Pizzen, Kräuterbutter-Baguettes, Flammkuchen mit Speck, in Milchcremeschnitten, Schokopudding, Keksen, Schokolade, Süßigkeiten. In einer Lidl-Filiale in Berlin Mitte liegen Haribo-Color-Rado-Tüten. Auf der Verpackung steht nur »Gelatine«, es steht dort nicht, dass sie aus Schweineschwarten gewonnen wird. Das Zutaten-

Schwein bleibt ungenannt, dafür zeigt die Verpackung den Haribo-Goldbären und eine lachende Fledermaus, die in sechs Farben als Fruchtgummi-»Vampir« in der Verpackung steckt.[21] Daneben türmen sich Tüten von Katjes-Joghurt-Gums, darauf ein Extra-Kleber mit der Aufschrift »I (rotes Herz) Veggie, ohne tierische Gelatine«, garniert mit dem Siegel der European Vegetarian Union. Mit großen Augen grinst das Katjes-Kätzchen auf der Tüte. In der anderen Produktlinie von Katjes, den »Traditionsprodukten«, wird immer noch tierische Gelatine verarbeitet.[22]

Weiter zu den Fleisch-Kühlregalen, dorthin, wo von der Decke der sinnfreie Lidl-Slogan hängt »Gutes Fleisch erkennt man an der Vielfalt«. Hier gibt es eine bunte Auswahl: Hackfleisch gemischt, vom Schwein, vom Rind, Hackbällchen, Bratwurst, marinierte Rindersteaks, Putensteaks, Putengeschnetzeltes, Putenbrustteilstücke, Hähnchenherzen, Hähnchenschenkel, Schweinemedaillonspieße, Hühncheninnenfilet, Bio-Hamburger ... Über die Haltungsbedingungen und die Gesundheit der Tiere erfährt der Käufer: nichts.

Die vielen Meter Kühlregale bei Edeka, Lidl, Rewe, Aldi & Co. stehen für den ungebrochenen Konsum von Fleisch und Wurst – und für das Sterben der kleinen Metzgereien. In Berlin besuchen wir eine von ihnen, eine zertifizierte Neuland-Metzgerei. Neuland ist ein Verein, dessen Trägerverbände der Deutsche Tierschutzbund, der Bund für Umwelt und Naturschutz und die Arbeitsgemeinschaft bäuerliche Landwirtschaft sind; ihr Anspruch ist es, dass die bundesweit mehr als 200 Neuland-Erzeuger »Qualitätsfleisch aus besonders tiergerechter Haltung« produzieren. »Besonders tiergerecht« – mit diesem Label darf nur Neuland werben, das sich ausdrücklich als Gegenmodell zur konventionellen hochintensiven Tierhaltung versteht. Und dennoch wurde Neuland im Frühjahr 2014 von einem Skandal erschüttert, den die meisten Verbraucher wohl nur bei konventionellen Fleischerzeugern vermuten würden: Ein Geflügelmast- und Schlachtbetrieb sowie zwei Neuland-Vermarktungsgesellschaften hatten massiv gegen die eigenen Richtlinien verstoßen und ihre Kunden betrogen; Geflügelfleisch aus konventioneller Aufzucht, teilweise aus Frankreich, war jahrelang als zertifizierte Neuland-Ware verkauft worden; auch Lammfleisch aus Frankreich war fälschlicherweise als Neuland-Fleisch verkauft worden. Neuland reagierte mit einer Neustrukturierung, schärferen Sanktionen, mit neuem Kontrollkonzept und externen Kontrolleuren, um verlorenes Vertrauen zurückzugewinnen.[23] In der Berliner Neuland-Metzgerei spricht der Metzger darüber ganz offen, glücklicherweise habe er von dem betrügerischen Lieferanten aber nie Geflügel bezogen. Er versichert, die Höfe und Bauern, die ihn mit Schweine- und Rindfleisch beliefern, aus eigener Anschauung zu kennen, er wisse deshalb, dass es den Tieren dort gutgehe. Als wir nach kranken Tieren fragen, antwortet er, darüber wisse er nichts, und gibt uns die Visitenkarte seines Chefs.

Vermutlich ging es den Tieren, die der Berliner Neuland-Metzger selbst zerlegt, tatsächlich relativ gut, wohl sogar besser als dem Durchschnitt. Genauso wie den Milchkühen von Bergbauer Stuffer und Bio-Bauer Hüttmann, die persönlich auf ihren Produktverpackungen werben. Aber auch Kühe von Kleinbauern leiden unter vermeidbaren haltungsbedingten Erkrankungen, stehen womöglich niemals auf einer Wiese oder sind sogar an 365 Tagen im Jahr im Stall angebunden. Auch den meisten freilaufenden Bio-Kühen werden die Hörner entfernt.[24] Auch Bio-Masthühnchen leben in Ställen mit bis zu 50 000 Tieren. Wann Nutztiere »glücklich« sind, wie es die Werbebotschaften gerne suggerieren, ist ein weites Feld, das der Verbraucher so wenig überschauen kann wie die schwammig definierten Qualitätsgarantien und Versprechen über Tiergesundheit. Es ist schlicht aussichtslos, zwischen Supermarktregalen verlässliche, nachprüfbare Antworten zu finden. Obwohl Tiere in so vielen Lebensmitteln vorkommen, bleiben ihre Lebensbedingungen in der Konsumwelt nahezu unsichtbar.

Anmerkungen

1 »Wege zu einer gesellschaftlich akzeptierten Nutztierhaltung«, Gutachten des Wissenschaftlichen Beirats für Agrarpolitik beim Bundesministerium für Ernährung und Landwirtschaft, März 2015.
2 www.faz.net/aktuell/wirtschaft/unternehmen/bauernverband-kritisiertgutachten-zu-massentierhaltung-13505928.html (abgerufen am 12.1.16).
3 www.zeit.de/2015/13/tierschutz-nutztierhaltung-harald-grethe (abgerufen am 12.1.16).
4 Redebeitrag Harald Grethe, Pressekonferenz anlässlich der Übergabe des Gutachtens »Wege zu einer gesellschaftlich akzeptierten Nutztierhaltung«, 25. März 2015, Berlin.
5 Siehe Endnote 3.
6 www.bauernverband.de/export-der-nutztierhaltung-ist-keine-loesung-fuer-landwirtschaft-und-tierschutz
7 »Nutztierhaltung in Deutschland: Was bleibt, was wird sich ändern«, Vortrag Matthias Gauly am 11.1.16 bei der DLG-Wintertagung in München.
8 www.tiergesundheit-aktuell.de/schweine/aktuelles-1746.php (abgerufen am 24.3.16); www.ktbl.de/fileadmin/user_upload/artikel/Tierhaltung/Schwein/Allgemein/Stallboden-Anforderungen/Stallboden-Anforderungen.pdf (abgerufen am 24.3.16); www.augsburger-allgemeine.de/bayern/Kranke-Klauen-bei-bayerischen-Schweinen-durch-Tierquaelerei-id33580852.html (abgerufen am 24.3.16).
9 www.destatis.de/DE/PresseService/Presse/Pressemitteilungen/2015/12/PD15_484_413.html (abgerufen am 14.1.16).
10 Siehe Endnote 9.
11 www.destatis.de/DE/ZahlenFakten/Wirtschaftsbereiche/Land-

ForstwirtschaftFischerei/TiereundtierischeErzeugung/Tabellen/ BetriebeGefluegelBestand.html (abgerufen am 14.1.16); www.de statis.de/DE/PresseService/Presse/Pressemitteilungen/ 2014/02/PD14_059_413.html (abgerufen am 14.1.16); www.de statis.de/DE/ZahlenFakten/Wirtschaftsbereiche/LandForstwirt schaftFischerei/TiereundtierischeErzeugung/TiereundtierischeEr zeugung.html (abgerufen am 14.1.16); dip21.bundestag.de/dip 21/btd/18/054/1805473.pdf (abgerufen am 14.1.16).

12 www.dgfz-bonn.de/stellungnahmen (abgerufen am 14.1.16).

13 www.eifeljaeger.com/shop/wildpasteten-wildsuelzen-c-61.html? SESS=a6619fe88c32d4e49bcc6970403a14d8

14 www.deutschesee.de/produkte/fische/thunfisch

15 www.molkerei-weihenstephan.de/weg-der-milch

16 www.muellergroup.com/die-gruppe/unsere-unternehmen/ueber sicht/weihenstephan/

17 www.paula-welt.de; www.oetker.de/unsere-produkte/paula/paula-pudding-typ-stracciatella-mit-schoko-flecken.html; www.oetker.de/unsere-produkte/paula/paula-vanille-pudding-mit-schoko-flecken.html

18 adlerhof-samerberg.de/cms/index.php?id=82; www.bergbauernkaese.de/bergbauernhoefe.php

19 www.arla-bio.de/unsere-bauern/hanslothar-huttmann

20 www.galeria-kaufhof.de/filialen/berlin-alexanderplatz

21 www.haribo.com/deDE/fruchtgummi.html www.haribo.com/deDE/haribo-beutel-color-rado.html www.haribo.com/deDE/top2-haribo-color-rado.html

22 www.katjes.de/veggie-garten/veggieprodukte/yoghurt-gums.html www.katjes.de/faq.html

23 www.neuland-fleisch.de/presse-aktuelles/pressemitteilungen/ 2015/pressekonferenz_neustrukturierung.html; www.neuland-fleisch.de/verbraucher/mit-gutem-gewissen-geniessen.html; www.neuland-fleisch.de/landwirte/neuland-mitglieder.html; www.zeit.de/wirtschaft/2014–06/neuland-gefluegel-betrug-fleisch; www.zeit.de/wirtschaft/2014–04/neuland-fleisch-gefluegel-betrug; www.zeit.de/wirtschaft/unternehmen/2014–06/neuland-sued-betrugsvorwurf-konsequenzen; www.spiegel.de/wirtschaft/unternehmen/neuland-neuer-fleisch-skandal-und-betrug-mit-guetesiegel-a-964638.html

24 www.molkerei-schrozberg.de/molkerei/hoerner.html

REMO H. LARGO
»Unsere Individualität solidarisch leben«

»Jeder Mensch ist einzigartig. Seine Individualität zu leben macht den Sinn des Lebens aus.«

»Entwickle dich zu dem einmaligen, unverwechselbaren, unaustauschbaren Menschen, der in dir angelegt ist.«
Pindar, 518–442 vor Christus

Ich liebe es, Menschen jeden Alters zu beobachten, beispielsweise im Sommer auf dem Münsterplatz in der Zürcher Altstadt. Da herrscht ein ständiges Gewusel von flanierenden Touristen, eiligen Geschäftsleuten, Einheimischen, die Neuigkeiten austauschen, und spielenden Kindern. Mich fasziniert die Vielfalt der Gesichter und Gestalten, die unterschiedliche Art, wie Kinder, Erwachsene und ältere Menschen miteinander umgehen. Wie mannigfaltig ist doch ihre Körpersprache, etwa wenn die Großen einander begrüßen und die Kleinen hintereinander herjagen. Und wie verschieden ist das Interesse bei den Erwachsenen an der altehrwürdigen Fraumünster-Kirche und den Auslagen der Geschäfte. Es wird mir nie langweilig zuzuschauen. Ich kann mir sicher sein, dass niemals zwei Menschen über den Platz gehen, die sich in Gestalt und Verhalten vollkommen gleichen. Denn ich weiß, dass jeder der fast acht Milliarden Menschen, die gegenwärtig auf der Erde leben, ein einzigartiges Wesen ist. Und diese Vielfalt ist keinesfalls außergewöhnlich; Pflanzen und Tiere sind innerhalb der eigenen Art genauso vielfältig. Was uns Menschen jedoch besonders und mich erst zum Beobachter macht: Nur wir sind uns – dank unserer hochentwickelten geistigen Fähigkeiten – der eigenen Individualität und der Vielfalt unter den Menschen bewusst.

Bereits im Alter von zwei Jahren beginnen wir, uns als eigenständiges Wesen zu begreifen. In den folgenden Jahren werden wir fähig, uns in die Emotionen, Gedanken und Handlungsweisen anderer Menschen einzufühlen und hineinzudenken. Dabei machen wir die Erfahrung: Jeder Mensch hat seine individuellen Eigenschaften, Begabungen und Vorstellungen. Spätestens im frühen Schulalter fangen wir an, uns mit anderen Menschen zu vergleichen, und bleiben ein Leben lang bei diesem Verhalten. Als Erwachsene messen wir uns mit unseren Mitmenschen, etwa bezüglich Aussehen, beruflicher und sozialer Stellung oder Leistung und Einkommen. Wir freuen uns an unseren Stärken und leiden an unseren Schwächen. Wir fragen uns, wie wir von den anderen Menschen wahrgenommen werden. Und wir werden immer wieder aufs Neue auf uns selbst zurückgeworfen: Was müssen wir an uns als »gegeben« akzeptieren, und was können wir verändern, wenn wir uns noch etwas mehr anstrengen? Mit den Jahren müssen wir dann einsehen: Es gibt keinen Königsweg, der uns aufzuzeigen vermag, wie wir das Leben am besten bewältigen können, obwohl uns unzählige Ratgeber genau das vollmundig versprechen. So kann auch dieses Buch keinen »Königsweg« anbieten. Es versucht vielmehr, die Individualität des Menschen und sein vielfältiges Bemühen, in dieser Welt zu bestehen, dem Leser und der Leserin näherzubringen. Denn wir tun uns immer noch schwer mit der Individualität. Wir denken und handeln, als ob wir alle gleich wären, alle die gleichen Bedürfnisse hätten und alle das Gleiche leisten könnten. Dem ist aber ganz und gar nicht so. Sein Wesen in Übereinstimmung mit der Umwelt zu leben, dafür gibt es keine allgemeingültigen Regeln. Es ist eine Herausforderung, die jeder Mensch nur auf seine Weise bewältigen kann.

Nicht nur die eigene Individualität zu leben ist eine Herausforderung, sondern auch mit der Vielfalt und Andersartigkeit der Mitmenschen umzugehen. Stellen wir uns vor, wir wären alle gleich, gleich groß und schwer, gleich in unserem Aussehen, wären mit den gleichen Gefühlen und Begabungen geboren und hätten die gleichen Bedürfnisse. Das Leben wäre eintönig, aber wir hätten einige Probleme nicht, die uns die Vielfalt in Familie, Schule und Gesellschaft bereitet. Doch ohne Vielfalt gäbe es weder den Menschen noch alle anderen Lebewesen. Vielfalt und Individualität sind Grundvoraussetzungen alles Lebens.

Wie vielfältig die Menschen sind und welche Schwierigkeiten uns diese Vielfalt bereitet, war die nachhaltigste Erfahrung, die ich in meiner vierzigjährigen Tätigkeit als Wissenschaftler und klinisch tätiger Entwicklungspädiater gemacht habe. Ich hatte das Privileg, ein großangelegtes Forschungsprojekt, das 1954 am Kinderspital Zürich begonnen wurde, von 1974 bis 2005 fortzuführen. In den Zürcher Longitudinalstudien haben wir mehr als 700 normal entwickelte Kinder von der Geburt bis ins Erwachsenenalter in zwei aufeinanderfolgenden Generationen begleitet und den Entwicklungsverlauf jedes einzelnen Kindes in Bereichen wie Motorik und Sprache dokumentiert. Unsere Motivation, solche äußerst aufwendigen Studien durchzuführen, war die Überzeugung: Nur wenn wir die Vielfalt und die Gesetzmäßigkeiten der normalen Entwicklung ausreichend gut kennen, können wir den individuellen Bedürfnissen und Fähigkeiten der Kinder gerecht werden und sie in ihrer Entwicklung als Eltern, Therapeuten und Lehrkräfte wirksam unterstützen. Und es stellte sich bei der Auswertung der Daten aus den verschiedenen Entwicklungsbereichen tatsächlich heraus, dass es keine Fähigkeit, kein Verhalten und keine körperliche und psychische Eigenschaft gibt, die bei allen Kindern gleich ausgebildet ist. In jedem Alter herrschen große Unterschiede bei Gewicht und Größe, Kinder benötigen unterschiedlich viel Schlaf und nehmen verschieden viel Nahrung zu sich. Manche Kinder machen die ersten Schritte mit zehn, andere erst mit 20 Monaten. Es kommt vor, dass sich Kinder bereits mit drei bis vier Jahren für Buchstaben interessieren, die meisten lernen mit sechs bis acht Jahren lesen, und einigen Menschen bereitet das Lesen selbst im Erwachsenenalter noch Mühe. Die Vielfalt nimmt in jeder Hinsicht während der Kindheit ständig zu, und dies – bis zu einem gewissen Grad – auch noch im Erwachsenenalter. So gibt es Erwachsene, die in ihrem Zahlenverständnis nie über das Niveau der Grundschule hinausgekommen sind, während andere über logisch-mathematische Fähigkeiten verfügen, die sie komplexe Aufgaben im IT-Bereich lösen lassen.

Wir Menschen haben also alle ganz unterschiedliche Voraussetzungen, um die kleinen und großen Herausforderungen des Lebens zu bewältigen. Beispielsweise Luca, der mit seinen Eltern in meine Sprechstunde kam. Er fühlte sich als Versager, weil er im Alter von neun Jahren immer noch nicht lesen konnte. Er spürte schmerzlich, dass er die Erwartungen der Eltern und der Lehrerin nicht zu erfüllen vermochte. Luca war in seinem Wohlbefinden erheblich beeinträchtigt und reagierte darauf mit Unkonzentriertheit und motorischer Unruhe. Ich habe im Laufe meiner Tätigkeit Tausende von Kindern wie Luca erlebt, die uns zugewiesen wurden, weil sie von der »Norm« abwichen. Sie litten an unterschiedlichsten Entwicklungs- und Verhaltensauffälligkeiten wie nächtlichem Erwachen, motorischer Ungeschicklichkeit oder sozialem Rückzug. Der oftmals unausgesprochene Auftrag der Eltern und Lehrer an uns bestand darin, die Kinder durch Förderung in die »Norm« zu bringen, was – wie uns die langjährige Erfahrung gelehrt hat – nicht gelingen kann. Wir sahen das eigentliche Problem der Kinder darin, dass sie, weil sie den Normvorstellungen nicht entsprachen, nicht »sie selbst« sein durften. So versuchten wir, den Kindern zu helfen, indem wir ihre individuellen Bedürfnisse und Fähigkeiten erfassten und dann gemeinsam mit den Eltern und anderen Bezugspersonen überlegten, wie das jeweilige Kind mit seinen Stärken und Schwächen am besten unterstützt werden konnte. Das war häufig nicht leicht, schließlich hatten die Erwachsenen ihre bestimmten Erwartungen an das Kind, ihre eigenen Vorstellungen von seinen Fähigkeiten und vor allem von den Leistungen, die es erbringen sollte. Wenn es uns jedoch gelang, die Erwachsenen auf die individuellen Bedürfnisse und Fähigkeiten des Kindes einzustellen, verbesserten sich sein körperlicher und psychischer Zustand und seine Lernbereitschaft wuchs.

Die eigene Individualität zu leben bleibt auch im Erwachsenenalter eine ständige Herausforderung. So ist beispielsweise eine Bankangestellte ebenso wie der Schüler Luca in ihrem Wohlbefinden beeinträchtigt, wenn sie die Leistungen am Arbeitsplatz nicht erbringen kann, die sie von sich selbst erwartet und die ihre Vorgesetzten und Mitarbeiter von ihr verlangen. Sie fühlt sich überfordert, gerät in einen Erschöpfungszustand und leidet schlimmstenfalls irgendwann an einem Burn-out-Syndrom. Eine Verbesserung ihres Wohlbefindens kann zumeist nicht dadurch erreicht werden, dass man ihre Leistung, wie es häufig geschieht, etwa durch eine Fortbildung zu steigern versucht. Es gilt vielmehr, ihre individuellen Begabungen zu respektieren und die Arbeitsanforderungen mit ihrer Leistungsfähigkeit möglichst in Einklang zu bringen. Dasselbe Passungsproblem stellt sich bei Unterforderung ein, kann doch das Gefühl, die erbrachten Leistungen seien unbefriedigend, ja sinnlos, das Wohlbefinden eines Menschen ebenfalls erheblich beeinträchtigen.

Mehrmals pro Tag standen wir in der Forschung und klinischen Arbeit vor der Frage: Warum fühlt sich das eine Kind wohl und entwickelt sich gut, während ein anderes in seinem Wohlbefinden beeinträchtigt ist und Auffälligkeiten in seiner Entwicklung aufweist? Antworten darauf fanden wir fast immer im Grad der Übereinstimmung zwischen dem Kind und seiner Umwelt. So stellte sich beispielsweise heraus, dass Schlafstörungen häufig entstehen, weil die Eltern falsche Vorstellungen davon haben, wie viel Schlaf ihr Kind benötigt. Es gibt Kinder, die brauchen im Alter von zwölf Monaten 14 Stunden Schlaf, anderen genügen schon neun Stunden. Gelingt es den Eltern, sich auf den individuellen Schlafbedarf ihres Kindes einzustellen, dann verschwindet die Schlafstörung. Solche Beobachtungen lehrten uns im Laufe der Jahre, in allen Entwicklungsbereichen zu klären, ob eine Übereinstimmung zwischen dem Kind und seiner Umwelt besteht, und, falls nicht, herauszufinden, wie sich die mangelnde Übereinstimmung auf das Kind auswirkt und wie sie behoben werden kann.

Fragen zur Einzigartigkeit des Menschen und dem Zusammenwirken von Mensch und Umwelt haben mich seit der Pubertät beschäftigt. Im Alter von 13 Jahren musste ich acht Wochen lang das Bett hüten und verschlang in dieser Zeit Leo Tolstois »Krieg und Frieden« und Fjodor Dostojewskijs »Schuld und Sühne«. Die einfühlsame und lebensnahe Darstellung unterschiedlichster menschlicher Charaktere und der Dramen, die sich zwischen ihnen abspielten, faszinierte mich derart, dass ich mich – wieder genesen – durch die ganze auf Deutsch erhältliche russische Literatur las. Seither haben mich Fragen danach, warum die Menschen so verschieden sind, was ihr Leben bestimmt und was das Wesen des Menschen ausmacht, nie mehr losgelassen. Von meinem Medizinstudium an der Universität Zürich, das ich 1963 begann, erhoffte ich mir ein vertieftes Verständnis vom Menschen. Doch ich machte eine merkwürdige Erfahrung: Ich lernte eine immense Anzahl körperlicher und psychischer Phänomene aller Art kennen, aber mein Fragenkatalog nahm nicht ab, sondern zu, und eine tiefere Einsicht in das Wesen des Menschen wollte sich nicht einstellen. Auf der Suche nach einem ganzheitlichen Menschenbild setzte ich mich in den Jahrzehnten darauf mit den unterschiedlichsten Fachgebieten auseinander, insbesondere mit der Evolutionsbiologie, der Philosophie, der Pädagogik und der Psychologie. Ich las begeistert die Schriften genialer Denker und Forscher wie des Philosophen Immanuel Kant und des Evolutionsbiologen Charles Darwin, der Pädagogin Maria Montessori und des Psychologen Jean Piaget. Doch immer wieder machte sich Enttäuschung breit. Die Schriften beleuchteten wichtige Teilaspekte des menschlichen Wesens, was ich aber nach wie vor vermisste, war eine umfassende Sichtweise.

Im Verlauf von 40 Jahren fügten sich meine Erfahrungen in Klinik und Forschung und die Erkenntnisse aus verschiedenen Fachgebieten, etwa der Genetik und der Soziologie, nach und nach wie Puzzleteile zu einem Gesamtbild zusammen. Ich nannte es das Fit-Prinzip. Es besagt: *Jeder Mensch strebt danach, mit seinen individuellen Bedürfnissen und Begabungen in Übereinstimmung mit der Umwelt zu leben.* Das Fit-Prinzip beruht auf einer ganzheitlichen Sichtweise, die die Vielfalt unter den Menschen, die Einzigartigkeit jedes Einzelnen und das Zusammenwirken von Individuum und Umwelt als Grundlage der menschlichen Existenz versteht.

Wie gut gelingt es den Menschen, ihre Individualität in

Übereinstimmung mit der Umwelt zu leben? Das Ringen um ein passendes Leben überfordert immer mehr Menschen. Die Kinder sollen die oftmals übertriebenen Erwartungen der Eltern erfüllen und leiden in der Schule unter einem unerträglichen Leistungsdruck. Den Erwachsenen machen der Spagat zwischen Familie und Arbeit und die wachsenden Anforderungen der Wirtschaft zu schaffen. Alte Menschen, insbesondere wenn sie in Alters- und Pflegeheimen leben, leiden unter fehlender Geborgenheit und sozialer Vereinsamung. Menschen jeden Alters fühlen sich immer mehr fremdbestimmt und können immer weniger ein Leben führen, das ihren individuellen Bedürfnissen und Begabungen entspricht. Im Kleinen kann das Fit-Prinzip den Menschen helfen, zu ihrer Individualität zurückzufinden. Im Großen kann das Prinzip dazu beitragen, Gesellschaft und Wirtschaft so umzugestalten, dass die Menschen ein möglichst gelingendes Leben führen können.

GÜNER YASEMIN BALCI
»Nachricht von einem Unbekannten«

Sabina hatte Kohlrouladen und Salzkartoffeln gemacht und steckte mit ihren Händen in einem großen Sack Blumenerde, als Cayenne und Nimet zur Tür reinkamen.

»Gut, dass du endlich da bist, Cayenne. Mami kommt gleich, sie hat uns Blumen organisiert!«

Genau das war es, was Nimet so an den Schmidts mochte und was sie zu Hause so sehr vermisste: diesen banalen Alltag, eine Mutter, die jeden Tag zur gleichen Zeit ein warmes Mittagessen auf den Tisch stellte, selbst wenn es häufiger die von Cayenne gehassten aufgewärmten Dosenmahlzeiten von Sonnenbassermann waren. Bei Familie Schmidt herrschte Frieden. Wer braucht schon einen Vater, wenn zu Hause alles stimmt, dachte sich Nimet.

Der Fernseher lief. Helene Fischer sang, und Cayenne schob ihrer Mutter die halb gerauchte Gauloise in den Mundwinkel, als es Sturm klingelte.

»Ey, Nimet, kannst du mal aufmachen und runtergehen? Ist bestimmt die Mami«, bat Cayenne.

Mami, das war Cayennes Sinti-Großmutter, die Frau mit den hellen Augen und den schlohweißen hochgesteckten Haaren, die immer eine Blumenschürze trug und nach Ariel und Hühnereintopf roch.

»Na, mein Mädchen, ist Cayenne nicht da?«, begrüßte sie Nimet auf der Straße und nahm sie flüchtig in die Arme.

Mein Mädchen, so nannte Mami sie immer, nicht einmal Sibel nannte sie so. Diese Warmherzigkeit, die man Nimet in der Familie Schmidt entgegenbrachte, machte sie jedes Mal glücklich, es war ein Gefühl von Geborgenheit, das sie in eine beschwingte Stimmung versetzte. Auch wenn die Schmidts nicht ihre echte Familie waren, so war sie doch ein Teil dieser eingeschworenen Sippe, und darauf war sie stolz.

Als Nimet ans Auto trat, um anzupacken, stieg ein junger Mann aus, den sie noch nie zuvor gesehen hatte, und öffnete den Kofferraum.

»Django, nimm doch mal gleich den großen Karton mit hoch, und schick Sabina runter!«

Das also war Django! Das Bild, das Nimet bisher von ihm gehabt hatte, speiste sich aus den Erzählungen ihrer Freundin, die immer behauptete, er sähe »Bombe« aus. Nimet hatte sich Cayennes Traummann ganz anders vorgestellt, groß und dunkel. Tatsächlich aber war Django eher klein, für sein Alter etwas zu untersetzt, unübersehbar mit einem gewissen Bauchansatz gesegnet und für Nimets Geschmack einen Tick zu oft im Solarium. Sein scharf geschnittenes Gesicht mit den blitzenden Augen und der perfekt frisierten dunkelblonden Tolle darüber und die bei jedem Schritt flatternde Leinenhose über feinen Lederschuhen gaben ihm aber doch etwas Aufregendes. Auch wenn er nicht besonders schön war, so musste Nimet doch zugeben, dass er etwas an sich hatte, was man vielleicht am besten mit »Männlichkeit« bezeichnen konnte. Und als er jetzt auf sie zukam und ihr eine Bananenkiste voll mit Geranien reichte, war sie betört von seinem Aftershave, das sie in eine Wolke von Leder, Patschuli, Moschus und dem herben Duft von wilder Natur einhüllte. Sie vergaß darüber sogar, seine Frage zu beantworten: »Wer bist du denn, mein Mädchen?« Bevor sie antworten konnte, tauchte Cayenne auf.

»Latscho diewes, Django!«

Die Freundin kam bei diesen Worten wie ein junges Reh, das eine saftige Wiese entdeckt, aus dem Hausflur gesprungen, Nimet traute ihren Augen und Ohren nicht: Seit wann konnte Cayenne denn mit einer viel weicheren Stimme als sonst so säuseln? Und dann dieser Lippenstift, den sie aufgetragen hatte! Blutrot! Nimet wusste ja, dass Cayenne in Django verliebt war, aber musste sie so offensichtlich zur Schau stellen, dass sie ihm gefallen wollte? Beim Traummann verlor offensichtlich selbst die sonst eher herbe, manchmal sogar boshafte Cayenne ein bisschen den Verstand. Ihr Auftritt hatte fast etwas Aufforderndes – nie würde sie selbst sich nur wegen eines Typen so verhalten, dachte Nimet.

Django aber blieb cool, er schmunzelte nur über Cayennes unbeholfene Romanes-Sprachversuche, und Nimet meinte, an seinem Blick erkennen zu können, dass er in Cayenne keineswegs, wie sie selbst glaubte, nur das kleine Mädchen sah. Aber er war ja auch schon 27, für jemanden in seinem Alter konnte ein falscher Blick auf eine 17-Jährige zum Gewissenskonflikt führen. Gerade als Nimet sich noch ein bisschen länger diesem Gedankenspiel zu Django und Cayenne hingeben wollte, vibrierte ihr Handy in der Hosentasche, und sie entschied sich, jetzt doch lieber die schwere Kiste hochzutragen, anstatt noch länger auf Cayenne zu warten, die, mit einer Zigarette in der Hand, plaudernd an Mamis Auto lehnte und überhaupt keine Anstalten machte, die Blumen nach oben zu schaffen.

Oben in der Wohnung angekommen zog Nimet sich für ein paar Minuten auf die plüschige Toilette der Schmidts zurück, um zu checken, wer sich auf ihrem Handy bemerkbar gemacht hatte. Die Schmidt'sche Toilette gehörte zu ihren Lieblingsorten, Sabina hatte sogar die Klospülung mit kleinen Schiffchen und Muscheln dekoriert – die ganze Wohnung der Familie mit ihrem vielen Nippes und den Kleinmöbeln wirkte, als solle hier das nächste Fotoshooting der Tschibo-Marketingabteilung stattfinden. Und alles war immer pikobello sauber, auch im Bad, so dass Nimet dort gern auf der Klobrille saß und den Zitronenduft des Badreinigers wie eine frische Sommerbrise inhalierte, so wie jetzt, als sie auf das Display ihres Handys sah.

Wer bist du?

Nicht mehr als diese kurze rätselhafte WhatsApp-Zeile stand da, abgesendet von einer unbekannten ausländischen Nummer, immerhin das konnte Nimet erkennen.

Nimet
Wer bist *du*? Und woher hast du meine Nummer?

Saed
Ich bin Saed. Ich habe deine Nummer, weil du mich doch angeschrieben hast!

Nimet
Das kann nicht sein, du verwechselst mich, ich hab dich nicht angeschrieben. Sorry, muss ein Missverständnis sein.

Saed
Es gibt keine Zufälle, es gibt nur Bestimmung.

Mann, schon wieder einer dieser Idioten, die es mit einer solchen Tour versuchten! Die sozialen Netzwerke waren voll mit Jungs und Mädchen, die den ganzen Tag nichts anderes zu tun zu haben schienen, als fremden Leuten ein Gespräch aufzudrängen, in der Hoffnung, am anderen Ende der Leitung jemanden anzutreffen, mit dem man wenigstens flirten konnte. Cayenne hatte recht, zu viele Idioten hatten ihre Nummer! Sie musste sich nicht wundern, dass jetzt irgendein Jemand vielleicht vom anderen Ende der Welt versuchte, mit ihr in Kontakt zu kommen. Eigentlich hätte sie gern gewusst, wo dieser Typ eigentlich steckte und wieso er der deutschen Sprache mächtig war, aber sie musste es kurz machen, sonst würde sie ihn nicht wieder loswerden.

Nimet
Ist mir egal, wer du bist, wo du bist und was du willst, ich kenne dich nicht, also bitte, schreib mich nicht mehr an.

Sie wollte jetzt nur noch eine Antwort von Saed abwarten, um ihn dann zu sperren. Nimet wartete und wartete, aber von Saed kam nichts mehr, keine SMS. Zum ersten Mal hatte sie das Gefühl, ihre Standard-Abfuhr zu früh losgeschickt zu haben. Noch nie war eine Reaktion darauf ausgeblieben, und gerade mit dieser Kommunikationsverweigerung weckte Saed plötzlich ihr Interesse. Aber jetzt war es zu spät, nach so einer Nachricht konnte sie ihm nicht noch einmal schreiben, das wäre ein Zeichen von Schwäche, und eins hatte Nimet gelernt: Man durfte Typen keine Schwäche zeigen. Sollte er doch bleiben, wo er war, dachte sie, als sie ihr Smartphone wieder zuklappte.

Cayenne klopfte schon ungeduldig an die Klotür, als Nimet sich noch die Hände wusch, und rief: »Du kannst meine Chucks heute anziehen, ich nehm die Sandalen!«

»Was denkst du? Soll ich etwa nackt gehen, oder was? Ich geh bestimmt nicht in dieser Hose ins Soda!«

»Brauchst du ja auch nicht«, meinte Cayenne, als Nimet endlich aus dem Bad kam, »wir gehen heute auf eine Privatparty, du kriegst von mir ein Kleid.«

»Hochzeit?«

»So was Ähnliches.«

Sie zog Nimet in ihr Zimmer vor ihren Kleiderschrank, warf etliche Klamotten aufs Bett und kramte auf dem Hängeboden, bis sie eine verstaubte Schuhschachtel gefunden hatte.

»Such dir schon mal was aus! Ich komm gleich wieder!«

Durch die Zimmertür sah Nimet, wie Cayenne Django mit einer langen, innigen Umarmung verabschiedete und ihm dabei etwas zuflüsterte. Dass sie beobachtet wurde, bemerkte sie gar nicht. Tänzelnd kam sie zu Nimet zurück.

»Guck mal, Nimet, dies hier, echt Dior. Vielleicht bisschen viel Strass, oder?«

»Und ich soll Chucks dazu tragen? Sieht doch unmöglich aus!«

»Wieso? Wolltest du doch immer schon mal, und sieht doch cool aus zu diesem weißen Sommerkleid!«

Und tatsächlich, auf einer Party, wo man niemanden kannte und nicht einmal wusste, wer sie wozu veranstaltete, gaben Chucks und lange Sommerkleider Nimet ein Gefühl von Sicherheit, ohne dass sie sich underdressed fühlte. Sie setzte sich auf die Bettkante und kramte in Cayennes Schmuckkästchen, in dem sich echter Goldschmuck neben billigen Plastikarmbändern und einem unentwirrbaren Knäuel verknoteter Freundschaftsarmbänder befand. Dabei sah sie, wie Cayenne sich in einen knallengen schwarzen Rock zwängte, und als sie dann noch das rote Top mit den Spitzeneinsätzen überstreifte, wurde Nimet klar, wohin es gehen sollte.

»Also doch wieder so 'ne Gipsy-Party!«

Cayenne grinste verlegen. Sie fühlte sich ertappt und wusste, dass Nimet zu einer solchen Party nur schwer zu überreden war. Die letzte Familienfeier der Schmidts lag zwar schon fast ein Jahr zurück, war aber für Nimet ein Albtraum gewesen. Damals hatte sie sich nach einer am Nachmittag vorangegangenen Auseinandersetzung mit ihrer Mutter zum ersten Mal so richtig volllaufen lassen: Ballantine's-Whisky mit Cola, Cayennes Onkel Harry hatte immer schön nachgeschenkt, und als Nimet ihr Limit überschritten hatte, merkte sie auch gar nicht mehr, wie schnell sie dem totalen Absturz entgegentrieb. Die letzte klare Erinnerung war die Kneipentoilette, wo sie zwischen etlichen Anfällen von Erbrechen gleich auf der Klobrille sitzen blieb, der dauernde Brechreiz nagelte sie dort fest. Dabei hatte Sibel ihr wieder und wieder eingebläut, sich nie auf fremde Klobrillen zu setzen, so könne man sich die schlimmsten Krankheiten holen, Aids inklusive.

Als sie sich traute, das Klo endlich wieder zu verlassen, schwankte die Welt um sie herum so heftig, dass sie mitten im Flur der Eckkneipe der Länge nach hinschlug. Was dann geschehen war, hatte ihr Gedächtnis gnädig ausgelöscht. Sie war erst wieder bei Sinnen, als sie bei Sabina im Schlafzimmer aufwachte, frisch gewaschen, einen Eimer neben dem Bett. Überall roch es nach Desinfektionsmittel, was bei Nimet gleich den nächsten Brechreiz auslöste.

Es dauerte Wochen, bis sie dieses Erlebnis halbwegs verdaut hatte. Tagelang traute sie sich vor lauter Scham nicht zu den Schmidts und verfluchte den Tag, an dem sie die Kontrolle über sich verloren hatte. Das sollte ihr nicht wieder passieren, das hatte sie sich, von Übelkeit geplagt, schon in Sabinas Bett geschworen.

»Ehrlich, Cayenne, nix gegen deine Family, aber auf 'ne Gipsy-Party hab ich echt keinen Bock.«

»Ich pass auf dich auf, außerdem hast du Alkoholverbot. Hey, ich glaub, dein Handy hat grad vibriert.«

Saed
Du hast mich also nicht gesperrt! Na gut, dann versuch ich es noch einmal anders: Ich heiße Saed, bin 22 und lebe

und arbeite seit zwei Jahren in der Türkei. Deine Nummer war eine willkürlich gewählte Zahlenkombination, ich weiß nicht, wer du bist und wo du bist, vielleicht können wir trotzdem Freunde sein! So wie du reagiert hast, bist du vermutlich ein Mädchen, oder? Ist aber eigentlich auch egal – es ist nie falsch, Freunde auf der ganzen Welt zu haben.

Nimet las den Text immer wieder und merkte gar nicht, dass Cayenne inzwischen hinter ihr stand und mitlas.

»Was ist das denn? Schon wieder so ein Idiot, scheinst ja echt ein Magnet für solche Typen zu sein. Komm, jetzt zieh dich endlich um, Django holt uns gleich mit dem Auto ab!«

Nimet war genervt. Mit der größten Selbstverständlichkeit las Cayenne viel zu oft ihre Nachrichten auf dem Display mit. Sie hatten zwar keine Geheimnisse voreinander, aber irgendwann musste damit Schluss sein, spätestens wenn ein Junge auftauchte, mit dem sie etwas Ernstes anfangen würde. Dann würde sie Cayenne nicht mehr alles erzählen, auch wenn sie einander ewige Treue geschworen hatten, es fühlte sich einfach falsch an!

»Mann, Cayenne, lass mich! Manchmal bist du eine richtige bitch!«

Cayenne musterte ihre Freundin misstrauisch, sagte aber nichts. Nimet merkte schon in dem Moment, als sie die Freundin zurückwies, dass sie einen Fehler gemacht hatte.

»Tut mir leid, entschuldige, Cayenne, ich mein das gar nicht so. Bin grad ein bisschen gestresst, muss dauernd an meine Mutter denken, die wieder voll auf Kontroll-Trip ist.«

»Guck mal lieber auf dein Handy, hat schon wieder vibriert, das Scheißteil!«

Saed
Heute hat das Meer tote Kinder an den Strand gespült. Flüchtlinge auf dem Weg nach Europa. Gott trauert, Er trauert um jedes einzelne dieser Kinder. Ich kann abends nicht schlafen, vielleicht ist da am anderen Ende dieser Leitung ein Mensch, der genauso fühlt wie ich. Allah möge uns beistehen, es ist schlimm, was auf der Welt passiert.

Während Nimet immer nachdenklicher Saeds Zeilen studierte, drehte Cayenne ihre Musik-Anlage auf volle Lautstärke, riss das Fenster auf und ließ die wummernde Bassstimme von Barry White über die ganze Straße dröhnen.

»Ich geh jetzt nach Hause«, sagte Nimet, aber Cayenne hörte sie gar nicht. Sie stand vor dem Spiegel und toupierte sich die kurzen Haare, um sie danach, wie sie es immer für diese Gipsy-Partys tat, mit einer Wolke von Haarspray zu einer Sturmfrisur zu fixieren. Als sie sich umdrehte, um Nimets Meinung zu ihrem wilden Styling einzuholen, war die schon nicht mehr da. Cayenne ging ans Fenster und sah ihrer Freundin irritiert nach, die eifrig in ihr Handy tippte.

Nimet
Ich heiße Nimet, bin 16 und lebe in Berlin. Was arbeitest du in der Türkei?

Saed
Ich kümmere mich um Flüchtlingscamps.

Nimet
Wow!

Saed
Ist doch selbstverständlich. Menschen in Not brauchen unsere Hilfe. Wie kann man da untätig bleiben und einfach zuschauen? Was machst du denn in deiner Freizeit?

Nimet dachte beschämt nach, was sie ihm jetzt auf die Schnelle in wenigen Zeichen antworten könnte? Etwa: chatten, mit Typen treffen, im KaDeWe Schminke testen, mit meiner Freundin herumziehen und Männer provozieren, auf Tumblr Fotos und buddhistische Weisheiten hochladen?? Auch wenn Saed sie nicht sehen konnte – Nimet wurde rot vor Scham, als ihr klarwurde, dass sie nichts zu bieten hatte, was auch nur annähernd so überzeugend klang wie sein Einsatz für Flüchtlinge.

Nimet
Ich muss jetzt nach Hause, melde mich später.

Saed
Bis später, ich kann erst wieder heute Nacht!

Das war ihr noch nie passiert, dass ein junger Mann sie etwas fragte und ihr nichts, aber auch gar nichts einfiel. Was hätte sie auch schreiben sollen? Die Wahrheit? Endlich war da mal jemand am anderen Ende der Leitung, der vermutlich mehr zu bieten hatte als aufgepumpte Muskeln und einen Mietwagen, und dann fiel ihr zum ersten Mal in ihrem Leben auf, dass sie nichts zu bieten hatte! Dabei hatte sie doch die ganzen letzten Jahre gehofft, dass es irgendwo da draußen einen Menschen gab, der klug war und vielleicht sogar noch gut aussah, jemand, der wusste, was er im Leben wollte und sie auserwählen würde, damit endlich das Leben zu zweit anfangen konnte. Dabei war ihr gar nicht aufgefallen, dass sie bei all ihren Ansprüchen an einen solchen Mr Right vielleicht selbst gar nicht mithalten konnte! Wer war sie schon? Und vor allem: Was machte sie in ihrer Freizeit? Ja, sie fand es großartig, wenn Menschen anderen halfen, wenn Menschen sich für die Umwelt einsetzten, gegen den Klimawandel, für eine bessere Versorgung alter Menschen kämpften, sie bewunderte Mutter Theresa und den Dalai Lama und fand die Forderungen von Greenpeace und Peta richtig. Es gibt Gut und Böse, Richtig und Falsch. Palästina ist gut, Israel böse, Vegetarier sind die besseren Menschen, und wer auf Leder verzichtet, weil er es nicht erträgt, die Haut toter Tiere für eigene Zwecke zu nutzen, ist auf dem richtigen Weg.

Aber ihre eigene Realität sah dann doch ganz anders aus: Sie hatte bisher nie auf einen Burger bei McDonald's verzichtet, und das Höchste, was sie in Sachen Nächstenliebe vollbracht hatte, war, ihrer alten Nachbarin die Tüten hochzutragen.

Saed hatte ihr, auch wenn er es nicht wissen konnte, den Spiegel vorgehalten. Und was sie darin sah, war niederschmetternd: Wie armselig ihr Leben doch war, wie wenig Grund es gab, auf irgendetwas stolz zu sein! Es war an der Zeit, sich ernsthaft Gedanken zu machen und eine wichtige Frage zu stellen: Wie konnte sie ihrem Leben endlich einen Sinn geben? Und es war an der Zeit zu handeln. Sie musste endlich ihr Leben in die Hand nehmen!

ANDRE WILKENS
»Ein Fall für Freud«

Während meiner Studententage habe ich in London Hampstead gelebt, zwei Häuser neben Sigmund Freuds ehemaligem Wohnhaus. Heute frage ich mich: Was würde Freud machen mit Europas Identitätskrise, die sich zur echten Depression ausgewachsen hat? Pillen verschreiben? Über die Beziehung zu Vater und Mutter reden? Kindheitsmuster erkunden? Ich hab das mal durchgespielt – Europa auf der Couch.

1992 zog ich nach Hampstead, London NW3, in die Maresfield Gardens 16, zwei Häuser neben das Sigmund-Freud-Haus. Bis dahin kannte ich Sigmund Freud nur als Phantom aus Woody-Allen-Filmen. In der DDR war Freud offiziell ja eher nicht populär, in diesem Punkt waren sich die Kommunisten mit den Nazis einig gewesen.

Nun, da wir quasi Nachbarn waren, bin ich öfter mal rüber zu Freud. Ein sehr schönes Haus, zwei Etagen, viel Licht, das durch schöne große Fenster fällt, ein netter Garten. Schön, aber nicht pompös.

Auch wenn das Londoner Freud-Haus nicht die Geburtsstätte der Psychoanalyse ist, so vermittelt sich hier doch deren Aura. Freuds Arbeitszimmer wurde nach seiner Flucht aus Wien in London wieder originalgetreu aufgebaut, ist seitdem unverändert erhalten und zu einem modernen Schrein der

Psychoanalyse geworden. Das Sofa hat alle Merkmale einer Reliquie angenommen und darf von den Besuchern nicht berührt, geschweige denn sitzend oder liegend in Beschlag genommen werden. Sicher wird es bald in einen Glaskasten verpackt werden.

Denn alle wollen natürlich die Couch sehen. Sie ist ja auch das Symbol Freud'scher Psychoanalyse schlechthin, und in London steht in gewisser Weise der Prototyp aller zu diesem Zwecke verwendeten Sitzmöbel.[1] Freuds analytische Couch ist aber kein spartanisches Daybed, sondern eine recht zerbeulte viktorianische Chaiselongue mit erhöhtem Kopfende. Bedeckt ist die Couch mit orientalischen Teppichen, Decken und Kissen. Freud nannte es auch seine Ottomane. Den ersten seiner Teppiche hatte er als Verlobungsgeschenk erhalten. Es gibt Theorien darüber, was diese Inszenierung aus »Tausendundeiner Nacht« wohl zu bedeuten habe, doch auch rein funktional kann so eine Decke durchaus wichtig sein. Wer eine Stunde lang liegend im eigenen Unbewussten stöbert, kann schon mal ins Frösteln kommen. Interessanter scheint mir aber die Theorie, dass die Teppiche Freud beim Denken geholfen haben. Während die Patienten auf der Couch lagen und redeten, verlor Freud sich in der »*Figur im Teppich*«, wie er es nannte. Freud war also eine Art Teppichleser. Hoffen wir mal, dass Teppich und Patient beim Analysieren auch zusammenpassten.

Ich habe Freud erst in London gelesen. Angefangen bei der klassischen Psychoanalyse, die den Ursprung für die Entwicklung der modernen Psychotherapie bildete. Ich las vom »Es«, vom »Ich« und vom »Über-Ich«, von Kindheitsmustern, über den Wolfsmann, vom Ödipus-Komplex, Trieben aller Art, Schuld und Angst. Ganz zentral bei allem war für Freud der Sexualtrieb. Wird dieser in der frühkindlichen Entwicklung gestört, führt dies das ganze Leben lang zu Problemen, ohne dass sich der Mensch darüber bewusst wird. Bis Freud es herausbekommt, natürlich.

Ziel seiner Psychoanalyse war es, die unverarbeiteten Konflikte der Kindheit bewusst zu machen. In therapeutischen Sitzungen mit Freud redete der Patient in »freier Assoziation« über all das, was er gerade fühlte oder dachte. Freud ging davon aus, dass der Patient im Laufe der Sitzungen ein »Muster« wiederholte, das den bis anhin verschütteten und zentralen Konflikt für den Therapeuten deutlich werden ließ.

Kompakt gesagt: Indem der Patient frühkindliche Gefühle insbesondere gegenüber Eltern und Geschwistern zusammen mit dem Therapeuten wieder erlebt, »überträgt« er seine Wünsche und Gefühle auf den Psychoanalytiker. Dieser bekommt so die Möglichkeit, diese Situationen und Erfahrungen zu deuten.

All das kam mir gar nicht so neu vor. Ich hatte ja fast alle Woody-Allen-Filme gesehen. Nun entdeckte ich, dass Allen eigentlich immer nur Variationen von Sigmund Freuds Theorien verfilmt hat. Vor allem diese Libido-Geschichte war zu hundert Prozent Woody Allen. Mit schierer Willenskraft hatte sich Allen vom linkischen Stadtneurotiker zum Sexgott stilisiert und damit die schönsten Frauen New Yorks rumgekriegt. Irgendwann hat er dann aber Filmskript und Leben verwechselt und seine Adoptivtochter geheiratet. Bei der Analyse von Allens Kindheit würde ich gern mal dabei sein. Oder besser nicht.

Ich zog weg aus London, aber das Freud-Museum blieb natürlich. Vor kurzem war ich wieder im Londoner Norden, lag in der Sonne in Hampstead Heath, hab im Pub ein Ploughman's Lunch gegessen, dazu ein Pint Lager getrunken, war im »Everyman«-Kino und hab dann noch bei Freud vorbeigeschaut. Alles war so, wie zu den Zeiten, als wir noch Nachbarn gewesen waren. Auf dem Weg zurück las ich in der Tube einen Artikel über einen wieder einmal verpeilten EU-Gipfel. Er handelte vom Streit zwischen den Europäern, dem Vormarsch der Europaskeptiker usw. Es war die inzwischen bekannte Kakophonie aus Gezanke und Schuldzuweisungen, und all das las sich wie die Krise einer Ehe, wie die Geschichte zweier Menschen, die sich auseinandergelebt hatten. Und ich fragte mich auf einmal, wie Sigmund Freud diese europäische Krise wohl analysiert hätte.

Ist Europa krank? Psychisch krank? Nur ein bisschen, oder doch ernsthaft? Ist Europa hysterisch, hat es eine Depression? Oder nur eine normale Midlife-Crisis? Könnte Freuds Psychotherapie helfen? Kann man diese überhaupt auf einen Kontinent oder ein System wie die EU übertragen?

Man muss nicht Freud sein, um zu erkennen, dass Europa in einer ausgewachsenen Identitätskrise steckt, die sich in den letzten zehn Jahren in allen möglichen Symptomen und Sekundärkrisen manifestiert hat. Europa weiß nicht mehr, was es eigentlich ist, wer und was dazugehört, wo es hinwill. Es glaubt, seine Geschichte zu kennen, aber tut es das wirklich?

Europa ist eindeutig ein Fall für die Couch. Und deshalb spielen wir das Ganze jetzt mal durch.

Frau Europa Union, auch kurz EU genannt, trifft zu ihrer ersten Therapiesitzung in 20 Maresfield Gardens ein. Freuds Haushälterin, Paula Fichtl, öffnet die Tür und begleitet die Dame in das Arbeitszimmer. Die schweren Vorhänge sind zugezogen, der Raum ist in gemütliches Licht getaucht, die Geräusche des Alltags nur noch ein fernes Rauschen. Sofort fühlt man sich der Hektik des Alltags entkommen und schaltet automatisch mindestens zwei Gänge runter. Das Arbeitszimmer sieht schon zu Lebzeiten Freuds aus wie ein Museum, das auf kleinstem Raum so viel wie möglich ausstellen will. Auf jeder Oberfläche stehen kleine ägyptische, griechische, römische Figuren und Objekte, insbesondere auf Freuds Schreibtisch. Ist da eigentlich noch Platz zum Schreiben?

Sigmund Freud steht aus seinem grünen Analyse-Sessel auf und kommt Frau Europa Union entgegen.

»Guten Tag, Frau Union. Kommen Sie rein. Wollen Sie einen Tee trinken?«

»Guten Tag, Herr Freud. Vielen Dank, dass Sie mich noch so kurzfristig aufnehmen konnten, Sie sind ja so beschäftigt. Gerne Tee mit Milch und Zucker.«

Freud führt Frau Europa zu seiner berühmten Couch.

»Machen Sie es sich gemütlich. Legen Sie sich hin. Und erzählen Sie. Was bringt Sie zu mir? Wie kann ich Ihnen helfen? Reden Sie einfach drauflos.«

Sigmund Freud setzt sich in seinen Sessel am Kopfende der Couch, hört Frau Europa zu, stellt ein paar wenige Fragen und reflektiert, indem er die Muster in seinem Teppich zu Hilfe zieht.

Madame erzählt, was ihr in den Sinn kommt. Ungeordnet, unreflektiert, impulsiv, emotional. »In freier Assoziation«, wie Freud zufrieden feststellt, denn genau so braucht er es für seine Analyse.

Sigmund Freud nahm an, dass jeder Mensch drei innere Instanzen in sich vereint: Das »Es« steht für unbewusste Triebe. Das »Ich« stellt die Verbindung zur Realität her. Das »Über-Ich« bildet sich als Gewissensinstanz, indem es Wertvorstellungen der Umwelt, etwa der Eltern, übernimmt. Wie ist es nun um die Selbstwahrnehmung von Europas Union bestellt? Und was gibt sie über die anderen Freud'schen Instanzen preis?

EU fängt an zu reden. »Rein physisch geht es mir eigentlich ganz gut. Mein Lebensstandard ist höher als jemals zuvor. Ich lebe in Frieden und größtenteils in Freiheit. Ich reise viel, habe viel Urlaub, das wirkt sich positiv auf meine Gesundheit aus. Als Ganzes gesehen, stehe ich wirklich gar nicht schlecht da. Aber manchen Teilen meines ›Ich‹ geht es besser als anderen. Ich bin nicht beschwerdefrei, das merke ich vor allem, wenn ich mich bewege. Aber alles in allem, die Physis ist so weit o. k., nur der Kopf macht mir Sorgen. Ich bin verwirrt, fühle mich unkoordiniert, kann keine Entscheidungen mehr treffen. Ich habe Tabletten genommen und wieder abgesetzt, mir eine Diät verordnet, nichts hilft.«

»Dazu kommen wir gleich«, wirft Freud ein. Nach dem »Ich« will Freud nun das »Über-Ich« Europas erkunden. »Erzählen Sie mir von Ihrer Kindheit, von Ihren Eltern. Welche Werte haben sie Ihnen mitgegeben?«

Laut Freud bildet sich das »Über-Ich« als Gewissensinstanz, indem es Wertvorstellungen der Umwelt, etwa der Eltern, übernimmt. Freud sprach vom Über-Ich als einer Zensur. Es wird in der frühen Kindheit, bis zum 6. Lebensjahr, gebildet und enthält die moralischen Normen und verinnerlichten Wertvorstellungen der kulturellen Umgebung, in der man aufwächst. Das Über-Ich entsteht durch Angleichen der eigenen Person an andere, mit denen sich dieser Mensch identifiziert. Wenn ein Mensch zu denken beginnt, geschieht dies bereits unter dem Einfluss des Über-Ichs und der darin enthaltenen grundsätzlichen Wertvorstellungen. Dieser Wertekanon ist Teil der eigenen Identität, und das Individuum kann sich durch rationales Denken nur sehr bedingt von ihm distanzieren oder emanzipieren. Das Über-Ich fungiert in der menschlichen Psyche als Kontrollinstanz, deren Ziel es ist, durch Selbstbeobachtung das eigene Verhalten in Übereinstimmung mit dem Idealbild zu bringen. Weicht das eigene Handeln von diesem Ideal ab, meldet sich das Über-Ich in Form von Schuldgefühlen.

»Meine Eltern hatten ein hartes Leben. Sie haben sich lange überhaupt nicht gut verstanden, sich dauernd gestritten, sogar Kriege miteinander geführt und nicht nur Rosenkriege. Wirklich. Meine Mutter ist der Kontinent Europa, die Muttererde Europa. Sie ist fruchtbar, wunderschön, hat viel aus sich gemacht und hält sich gut in Schuss. Von ihr habe ich meinen Vornamen. Mein Vater war der autoritäre Typ, der meine Mutter beherrschen und dominieren wollte. Das Vaterland. Oder sollte ich besser von Vaterländern sprechen? Mein Vater ist nämlich multipolar, und das war schon immer sein Problem. Seine Vaterländer kämpften dauernd miteinander. Kurz vor meiner Geburt hatte mein Vater eine ganz existentielle multipolare Krise und damit sich und meine Mutter fast in den Tod getrieben. Aber dann wurde ich geboren, die kleine EU, und seitdem läuft es besser zwischen Vaterland und Mutter Europa. Mein Vater scheint durch mich seine multiple Persönlichkeit in den Griff bekommen zu haben.

Meine Kindheit war sehr schön. Alle haben viel Hoffnung in mich gesetzt und sich wahnsinnig gekümmert. Wir waren zwar nicht so wohlhabend wie unsere amerikanischen Verwandten, aber meine Eltern haben hart gearbeitet, und es ging uns Jahr für Jahr besser. Überhaupt, unsere amerikanischen Verwandten waren immer ein wichtiger Bezug für meine Eltern und mich. Nicht nur, weil sie reicher waren, sondern auch wegen Rock 'n' Roll, Hollywood, Jeans, Silicon Valley und dem Flug zum Mond. Auch wenn wir uns gut verstanden, es gab auch immer ein bisschen Wettbewerb zwischen uns. Eigentlich ganz schön viel Wettbewerb, wenn ich genau darüber nachdenke.

Neben unseren amerikanischen Verwandten gab es noch die im Osten, über die man nicht so gerne sprach, denn sie waren ziemlich arm, aggressiv und trinkfest. Wenn es mal nicht so gut lief bei uns zu Hause, hat Onkel Amerika immer auf den

Osten gezeigt und ihn als abschreckendes Beispiel an die Wand gemalt. Das hat gut funktioniert. Bis vor ungefähr 25 Jahren, dann wollte der Osten so werden wie wir. Meine Mutter hatte die Onkel im Osten ja nie wirklich aufgegeben. Und für meinen Vater kam es auf ein paar Vaterländer mehr oder weniger auch nicht an. Damals hatte er seine Multipolarität gut unter Kontrolle. So gut, dass ich fast schon vergessen hatte, dass es sie gab. Wir verstanden uns blendend, mein Vater übertrug mir immer mehr Verantwortung. Und warum auch nicht? Ich war ja damals schon 34, heutzutage sind manche Leute in dem Alter schon Multimilliardäre und kaufen ihren Eltern ein nettes Haus für den Ruhestand. Damals dachte ich ernsthaft, dass es für meinen Vater und seine Vaterländer Zeit wäre, sich zur Ruhe zu setzen. So fühlte sich das an, vor zwanzig Jahren.

Die Onkel aus dem Osten waren eigentlich ganz nett und sie wollten so schnell wie möglich dazugehören. Vielleicht ging das zu schnell. Wenn man lange getrennt war, ist es nicht leicht, sich anzunähern, vor allem, wenn die Regeln vorher schon feststehen, wenn der mit dem größten Portemonnaie bestimmt, was auf den Tisch kommt. Bei manchen im Osten hat dies nach der anfänglichen Freude zu Abwehr und Aggressivität geführt, gerade gegen mich. Einige scheinen sogar unter dem Stockholm-Syndrom zu leiden und fangen wieder an, ihre früheren Gefängniswärter zu lieben. Das ist bloß so eine Vermutung von mir, aber Ihnen kann ich es ja sagen. Was meinen Sie, ist da was dran?

Die Werte, die mir meine Eltern früh mitgegeben haben, waren Frieden, Freiheit, Recht und Wohlstand für alle. Später spielte auch Gerechtigkeit und Nachhaltigkeit eine Rolle, aber all das entwickelte sich nur allmählich. Vor meiner Geburt waren die meisten dieser Werte für meine Eltern eher ferne Idealvorstellungen, ohne echte Relevanz in der Realität. Dauernd gab es Krieg, der Süden der Welt wurde rücksichtslos ausgebeutet und das Wort Nachhaltigkeit war, glaube ich, noch nicht mal erfunden. Über Frieden, Freiheit und Wohlstand aber sprachen meine Eltern sehr gerne während meiner Kindheit, da ging es ja auch spürbar voran, auf jeden Fall im Vergleich zu den bösen Onkel im Osten, die man argwöhnisch aus der Ferne beäugte. Wollte ich über Gerechtigkeit reden oder das Verhältnis zum Süden, wurde schnell zu einem anderen Thema gewechselt. Ich glaube, da gibt es noch immer einen Haufen Schuldgefühle bei meinen Eltern. Die haben sich auch auf mich übertragen.«

»Trinken Sie etwas von Ihrem Tee, der wird sonst kalt«, nutzt Freud eine Atempause von EU. »Wie würden Sie Ihre Identität beschreiben? Haben Sie denn eigentlich eine eigene Identität?«

»Hm. Hab ich eine Identität, und wenn ja, wie viele? Haben Sie das nicht mal gesagt?«

Freud ist empört. »Nein, das ist nicht von mir, sondern von einem jungen Spund aus Deutschland, Specht heißt der, glaub ich. Aber fahren Sie fort.«

»Sorry. Aber das passt ganz gut zu mir. Identität ist für mich immer schon eine schwierige Frage gewesen. Ich glaube, ich komme eher nach meiner Mutter. Aber natürlich ist auch viel von meinem Vater in mir. Ich vermute, ich bin nicht ganz frei von seiner Multipolarität. Ich spüre durchaus mehrere Identitäten in mir. Aber als krankhaft multipolar sehe ich mich nicht, jedenfalls nicht im klinischen Sinne.

Wenn ich denn überhaupt eine habe, ist meine Identität eher westlich geprägt. Da fand meine Kindheit und Jugend statt. Der Osten war mir fremd und fern und war auch irgendwie das Gegenteil von dem, wie ich sein wollte. Mein Vater hat diese Westidentität auch unterstützt, Mutter war da liberaler, für sie war immer klar, dass unsere östlichen Verwandten bloß gerade eine schlechte Phase hatten.

Habe ich mich von meinen Eltern emanzipiert? Ja, schon. Aber irgendwie auch nicht. Gerade in der letzten Zeit. Da gelingt mir scheinbar nichts mehr, und mein Vater funkt dauernd dazwischen. Unter dem ganzen Stress, er ist ja auch nicht mehr der Jüngste, bricht nun seine Multipolarität immer öfter hervor, aber leider nicht in der positiven Variante, sondern eher in der hässlichen. Und er faselt wieder viel über Souveränität, ein Wort, das er in meinen Kinder- und Jugendjahren fast gar nicht verwendet hat. Auf einmal ist es ihm wahnsinnig wichtig. Wenn wir beim Abendbrot diskutieren, und es wird kompliziert, ist Souveränität immer das Totschlagargument. Dazu muss das Wort noch nicht mal ausgesprochen werden.«

»Danke, das reicht erst mal.« Dann versucht Freud das Gespräch in eine andere Richtung zu lenken. »Nun wollen wir uns dem ›Es‹ zuwenden. Sie wissen, was das ist? ›Es‹ umfasst das vollkommen Unbewusste, das Impulsive, die Quelle aller grundlegenden Impulse und Triebe.«

Da muss EU dann doch zweimal trocken schlucken. Hier geht es ans Eingemachte. Was macht Frau Europa Lust und was empfindet sie als Belohnung? Und vielleicht hat EU auch einen versteckten Sexualtrieb, der ja für Freud zentral für die psychische Energie ist. Kann das auf EU zutreffen?

Dieser Teil des Gesprächs ist oft schwierig, da sich bei den meisten Patienten Widerstände gegen die Verarbeitung der unbewussten Erfahrungen und Erkenntnisse bilden und sich dadurch Abwehrmechanismen im Umgang mit den Trieben und Wünschen auf der einen Seite und der Realität auf der anderen Seite entwickeln. Sehen wir mal, wie weit Freud bei der Erkundung von EUs unbewussten Trieben kommt. Immerhin ist Frau Europa Union jetzt schon ein bisschen schläfrig, was ideal für diesen Teil des Gespräches ist.

»Liegen Sie bequem, Frau Union? Erzählen Sie, was Sie antreibt, was Sie befriedigt. Graben Sie ruhig im Unbewussten.

Es bleibt ja alles hier in diesem abgedunkelten Raum, der vollkommen analog und unvernetzt mit der Welt ist. Nichts geht hier raus oder wird als Datenpaket irgendwo weiterverarbeitet. Keine Angst«, versucht Freud zu beruhigen.

»Ja, was treibt mich an? Ich hab da noch gar nicht so oft drüber nachgedacht. Eigentlich wurde ich immer zur Pflichterfüllung erzogen, es ging darum, den Frieden zu sichern, um harte Arbeit, ums Verträgemachen. Um Spaß ging es selten. Ich hab das auch nicht so vermisst. Es war aufregend genug. Jeder Tag bot so viel Neues. Mein Vater konnte das besser. Er war den Freuden des Lebens zugewandter, konnte sich einfach gehenlassen und in verschiedene Rollen schlüpfen. Mal war er britischer Golfer, dann italienischer Gigolo, dann deutscher Rennfahrer, dann griechischer Insel-Hopper oder auch französischer Liebhaber. Um diese Seite seiner Multipolarität hab ich ihn beneidet. Im Vergleich dazu fühlte ich mich immer ein bisschen grau und langweilig.

Eigentlich wollte ich immer wie Amerika sein. So gelassen, so stark, so bunt, so cool, so mit sich selbst im Reinen. Amerika kann tanzen und Filme machen und sieht immer toll aus. Als Kind war für mich klar, wenn ich älter bin, will ich so sein wie Amerika. Ob ich das je schaffe? Und will ich das wirklich noch? In den letzten Jahren hat Amerika ja auch viel Mist gebaut. Aber wenn ich mich sonst so umsehe, ist da nicht viel, was mich inspiriert. China? Nee, zu schlechte Luft. Schweiz? Zu provinziell. Russland, nein danke. Norwegen, zu kalt. Australien, ja, da könnte man drüber nachdenken, aber das ist auch ziemlich weit weg. Also im Vergleich find ich mich selber gar nicht so schlecht. Die Welt wäre sogar besser, wenn alle so sein würden wie ich. Zumindest alle meine Nachbarn. Da bin ich auch ein bisschen missionarisch. Nicht so sehr in der letzten Zeit, da ging es mir ja nicht so gut. Aber deshalb bin ich ja hier bei Ihnen.«

»O. k., das ist gut. Auf das Missionarische müssen wir noch mal zurückkommen. Aber sprechen wir jetzt über Sex.« Freud kommt zur Sache, das ist sein Lieblingsthema. Seine Thesen dazu sind nicht unumstritten. Aber hören wir, ob EU dazu etwas Relevantes zu sagen hat.

»Sex. Darüber sprechen wir zu Hause nie. Ich kann mir auch nicht vorstellen, dass Mutter und Vater jemals Sex hatten. Gesehen hab ich sie nie dabei. Aber andererseits, es muss wohl mal vorgekommen sein, sonst gäbe es mich ja nicht. Ein bisschen verhuscht und verkrampft vermutlich, denn nach Jahrhunderten von Hass und Krieg kann es für Mutter und Vater nicht leicht gewesen sein, auf einmal zärtlich zu sein oder gar leidenschaftlich. Ihre Beziehung war ja eher arrangiert. Wie gesagt, Sex war irgendwie ein Tabu bei uns zu Hause. Wohl auch deshalb, weil Mutter wusste, dass Vater dauernd fremdging. Sie schrieb es seiner krankhaften Multipolarität zu und konnte es so akzeptieren. Als ich älter wurde und es mitbekam, war es für mich schwer zu ertragen. Denn natürlich litt Mutter, auch wenn sie es nicht zugab. Ich kann ihm sein Fremdgehen jedenfalls nicht verzeihen. Und im Alter nimmt es bei ihm sogar wieder zu. Ich fühle mich von dem geilen Sack ebenso betrogen. Da bin ich wie meine Mutter. Ist doch nicht anormal, oder? Jedenfalls spielt Sex auch deshalb für mich keine Rolle. Obwohl, manchmal träume ich von der schönen Amerika oder vom hippen Japan oder von einem kuschligen Winterabend mit Kanada. Neulich träumte ich sogar ganz kurz von China. Aber ehrlich gesagt, das Thema ist mir für die erste Sitzung zu intim. Können wir das aufs nächste Mal verschieben?«

»Ja, natürlich. Aber da müssen wir noch mal ran«, antwortet Freud ein bisschen enttäuscht. »Wenn Sie nicht von Sex mit Amerika träumen, von was träumen Sie denn sonst noch?«

EU denkt lange nach. »Ich träume gar nicht mehr viel. Früher, als Kind, habe ich viel geträumt, richtig große Träume hatte ich. Ich stellte mir stundenlang vor, was ich gerne sein wollte, was für tolle Sachen ich machen werde, wenn ich groß bin. Ich wollte wachsen, mein eigenes Geld haben, geachtet sein, selbstlos Gutes tun. Meine Träume waren grenzenlos utopisch. Heute träume ich wenig, und wenn ich träume, sind es oft Albträume. Dann träume ich zum Beispiel davon, dass mein linker Arm abstirbt, oder ein Bein, dass meine untere Körperhälfte gelähmt ist. Ich träume von einem Tumor in der rechten Gehirnhälfte. Ich träume von meinem eigenen Tod, davon, wie Mutter und Vater weinend an meinem Sterbebett stehen und darüber streiten, wie sie meinen Tod hätten verhindern können. Oft wache ich dann mit Angstzuständen auf und nehme doch eine dieser Tabletten. Wahrscheinlich nehme ich zu viele davon und trinke auch zu viel. Ich will mir gar nicht vorstellen, was diese Träume alles bedeuten, sicher nichts Gutes. Und kann ich ganz offen sein? Weil, das ist mir selber etwas unheimlich.« EU wird rot, stockt.

»Aber natürlich. Nur raus damit. Das führt sonst zu mentalen Blähungen. Und irgendwann bricht sich so was sowieso Bahn, sagt meine Erfahrung. Also besser jetzt hier bei mir«, antwortet Freud und freut sich schon auf einen interessanten Twist.

Frau Europa Union spricht ganz leise, fast hat Freud den Eindruck, dass sie gar nicht gehört werden möchte.

»Manchmal, aber nur ganz selten, wirklich ganz selten, ehrlich, habe ich diesen Traum von meinem Vater. Wie er wieder einen seiner multipolaren Anfälle hat, wie er sich dabei selber verletzt, mehr und mehr. Wie er alles ins Chaos zu stürzen droht. Und wie ich dann einschreite. Erst behutsam, ich will ihm ja nicht weh tun. Aber dann wird er immer wütender und brüllt ununterbrochen SOUVERÄNITÄÄÄT. Ich halte ihn

immer fester und fester. Und irgendwann ist er dann ganz ruhig und hat aufgehört sich zu bewegen. Vater ist tot und lächelt. Aber ich lebe. Und dann ist es gar kein Albtraum mehr.«
EU sieht mitgenommen aus. Sind das Tränen in ihren Augen?

»Das ist gar nicht ungewöhnlich. Ein typischer Ödipus-Komplex, den hat ja fast jeder irgendwann«, versucht Freud zu beruhigen.

EU redet weiter. »Ich liebe ja meinen Vater, sogar mit all seinen multipolaren Vaterländern. Wirklich. Aber er will immer noch alles kontrollieren, dabei weiß er ja aus seiner eigenen Geschichte, dass das nicht gutgeht. Wenn er mir nur mehr vertrauen könnte. Manchmal kann er es ja auch. Ich will, dass wir als Familie zusammenleben, Mutter Europa, Vater Land und ich.«

»O. k., wie gesagt, machen Sie sich darüber jetzt keine Sorgen«, moderiert Freud. »Fällt Ihnen sonst noch etwas aus Ihren Träumen ein?«

Frau Union denkt nach, und ihr fällt tatsächlich noch etwas ein. »Manchmal habe ich den Traum, wie ein König die Welt zu regieren. Die ganze Welt hat sich mir untergeordnet, alle sind geworden wie ich. Die Welt funktioniert wie geschmiert. Keine Kriege, keine Gewalt, alle sind happy unter meiner sanften, aufgeklärten Führung. Ein schöner Traum, aber eben nur ein Traum. Und wenn ich jetzt darüber nachdenke, will ich gar nicht, dass alle so werden wie ich. Oder nur ein bisschen. Ach, ich weiß es einfach nicht.«

»Danke, da kommen Sie wieder auf das Missionarische zu sprechen, das scheint ja schon tiefer zu sitzen.« Freud ist happy, die Patientin ist jetzt im Flow. Jetzt ist es an der Zeit, noch einen dicken Brocken anzugehen. »Kennen Sie Angst? Und wenn ja, was macht Ihnen Angst?«

Frau EU braucht hier nicht lange zu überlegen. Natürlich kennt sie Angst. Und sie hat keine Angst, über Angst zu reden.

»Angst kenne ich seit meiner Kindheit. Ich wurde mit Angst erzogen. Nicht die Angst vor anderen oder meinen Eltern, sondern die Angst vor der Vergangenheit. Denn die Vergangenheit wurde mir täglich so bildhaft vor Augen geführt. Mir kam es so vor, als würde sie immer noch existieren, zeitgleich, und nicht wie in einem Paralleluniversum, sondern Tür an Tür. Wie in dem Pixar-Film *Up side down*. Haben Sie den gesehen? Den müssen Sie unbedingt sehen, Herr Freud.« Frau EU fährt fort: »Ich glaube, die Angst, so zu werden wie meine Eltern vor meiner Geburt, war lange die Antriebsfeder meines Seins. Das haben mir Mutter und Vater gut eingetrichtert. Es hat funktioniert. Es war in gewisser Weise eine konstruktive Angst. In den letzten Jahren ist diese Angst aber verschwunden. Vorher war sie immer so präsent, doch seit kurzem hat sie keine Wirkung mehr auf mich. Einerseits ist das gut, wer will schon Angst haben, andererseits ist damit auch meine Antriebsenergie weg. Wenn ich keine Angst mehr vor der Vergangenheit habe, was treibt mich dann an?«

»Da sind wir wieder bei der Identitätsfrage. Das ist ganz natürlich, dass wir jetzt wieder darauf stoßen«, sagt Freud. Aber beim Thema Angst will er doch noch mal nachhaken. »Gibt es andere Ängste, außer der vor der Vergangenheit?«

Es ist erstaunlich, wie leicht es EU fällt, über Angst und Ängste zu reden. Man könnte meinen, es ist ihr Lieblingsthema. »Wie gesagt, die Angst vor der Vergangenheit war lange Zeit eine vertraute Konstante. Paradoxerweise fühle ich mich ohne diese Angst vor der Vergangenheit ziemlich haltlos. Mir fehlt etwas. Jetzt habe ich Angst, dass ich keine Angst mehr habe, keine Angst vor der Vergangenheit, wenn Sie verstehen, was ich meine. Jetzt, da ich das ausspreche, weiß ich, dass ich schon eher zu Ihnen hätte kommen müssen.« EU atmet ein paarmal tief durch.

»Das heißt aber nicht, dass ich überhaupt keine Ängste

mehr habe. Die habe ich schon. Alle möglichen sogar. Ich habe Angst, keine Entscheidungen mehr treffen zu können. Aber fast noch mehr habe ich Angst, Entscheidungen zu treffen, die für mich gut sind. Ich habe Angst vor meiner eigenen Courage. Und ich habe diese Angstträume vor dem Tod. Und da steckt ja auch ein bisschen Angst vor der Vergangenheit mit drin. Vielleicht kommt ja meine alte Angst zurück. Hooray.«

»So positiv wie Sie habe ich selten einen Patienten über Angst reden hören. Sehr interessant.« Freud denkt schon darüber nach, ob der Fall Europa sein nächstes Buchprojekt werden könnte. Posthum sozusagen.

»Sprechen wir ein bisschen übers Altern. Wissen Sie, was eine Midlife-Crisis ist? Und wenn ja, wie viele hatten Sie schon?« Auch er hatte selbst mal so eine Phase. Im Nachhinein hat sie sich als durchaus produktiv herausgestellt. Mittendrin war es aber nicht so lustig. Die Gemütszustände der meisten Menschen schwanken. Boom and bust, Himmelhochjauchzend und zu Tode betrübt. Das ist nichts Besonderes. Die Midlife-Crisis ist da etwas hartnäckiger. Bei manchen ist sie schnell vorbei. Man kauft sich etwas Teures, hat vielleicht eine Affäre und findet sich dann wieder. Aber bei anderen markiert die Midlife-Crisis eine Zäsur, die zu einem völlig neuen Leben führt, ein junger Freund, ein neuer Job als Gärtner oder Weltverbesserer.

»Schon wieder so ein schweres Thema«, denkt EU. »Wann kommen denn mal die Themen, bei denen man sich auch mal gut fühlen kann?« Dann legt sie los.

»Ich stecke mitten drin in meiner Midlife-Crisis, und das schon gefühlt seit einer Ewigkeit. Ich glaube, es fing so vor fünfzehn Jahren an. Bis dahin lief alles blendend. Ich hatte ziemlich viel zu tun mit der Integration unserer östlichen Nachbarn. Mein Traum vom eigenen Geld, dem Euro, wurde wahr. Und ich hatte die Idee, mir eine neue Verfassung zu geben. Was für andere Midlife-Crisler ein Sportauto, war für mich eine neue schicke Verfassung, mit allem Drum und Dran. So schön wie die Verfassung Amerikas und besser. Damit hab ich mich übernommen. Es war mehr Schein als Sein. Ich war noch nicht so weit. Und ich habe dadurch den Blick für das Alltägliche verloren. Das mit dem Geld und mit der Ostintegration musste ja erst noch im Detail geregelt werden. Ich hab das dann aber einfach laufenlassen. Und so kam ich ins Stocken, fühlte mich nicht mehr sicher. Dann kamen die großen Krisen, gerade in dem Moment meiner Schwäche. Seit fast zehn Jahren geht das nun so, ich bin mental schwach, muss aber dauernd Krisen bewältigen. Wenn Sie darin nur eine Midlife-Crisis sehen, gibt es ja noch Hoffnung. Irgendwann ist man damit ja durch. Oder kommt dann gleich die Rente?«

»Natürlich, es gibt immer Hoffnung. Bei Ihnen bin ich mir da ganz sicher«, antwortet Freud mit einer atypisch optimistischen Note. »Aber sprechen Sie noch ein bisschen über Ihre Krisen der letzten Jahre. Sind da auch Krisen dabei, die etwas lösen? Zum Beispiel neulich, während ich mit meiner Haushälterin, der Frau Fichtl, mein Arbeitszimmer aufräumen wollte, wurde ich zu einem dringenden Patientenbesuch gerufen. Als ich zurückkam, sah das Arbeitszimmer total chaotisch aus, denn wir waren bei unserer Arbeit unterbrochen worden. Ich konnte mir in diesem Moment kaum vorstellen, wie wir das alles wieder in Ordnung bringen würden. Natürlich hat es geklappt. Es war ja nur das unvermeidbare Chaos, das entsteht, während man eine neue, bessere Ordnung einführt. Können Sie mit dieser Geschichte etwas anfangen?«

»Ich wünschte, ich könnte«, antwortet EU erst einmal verhalten. »Man weiß ja auch erst im Nachhinein, ob es ein Chaos der Erneuerung oder ein Chaos der Zerstörung gewesen ist. Mitten im Chaos fühlt man sich einfach nur haltlos. So war es ja auch bei Ihnen und Ihrem Arbeitszimmer. Und so ist es gerade bei mir. An jeder Ecke bricht etwas auf, ohne dass ich vorher schon die letzte Krise gelöst hätte. Wenn sich alles legt, später, wird man immer sagen können, dass man einen Plan hatte, dass man den durchgezogen hat und dass man die ganze Zeit immer wusste, dass man es schafft. Ich bewundere die, die glaubhaft sagen können ›Wir schaffen das‹. Mir fällt das gerade schwer. Sie wissen ja, mein Identitätsproblem.« EU atmet wieder tief durch.

»Andererseits spielte Chaos für mich persönlich eine wichtige Rolle. Chaos und Weltkriege waren in gewisser Weise die Geburtswehen, aus denen ich hervorgegangen bin. Ohne Chaos hätte es mich wahrscheinlich gar nicht gegeben. Insofern muss ich dem Chaos dankbar sein. Aber ich weiß, dass meine Eltern, und viele meiner Verwandten, damals einen sehr hohen Preis gezahlt haben. So einen Preis will heutzutage keiner mehr für eine Neuordnung bezahlen. Ich am wenigsten, ich wurde ja mit der Angst vor dem absoluten Chaos aufgezogen, und das hat mich stark gemacht. Ich wünschte, es ginge auch ohne Chaos voran, jedenfalls ohne dieses Mega-Chaos. Vielleicht kann die Angst vor dem Chaos eine ähnlich positive Wirkung haben wie das Chaos selber.

Ich weiß, damit widerspreche ich Ihrem Landsmann Schumpeter, der ja dem Prozess von Erfindung, Etablierung und Niedergang, dem Prozess der kreativen Zerstörung, huldigte. Aber Schumpeter ist ja nun auch schon lange tot. Es wird Zeit, ihn zu widerlegen. Oder?«

Freud ist überrascht, so viel Energie hatte er beim Thema Chaos gar nicht erwartet. Das hat wohl mit der anerzogenen Angst zu tun. Der Fall EU ist spannender, als er anfangs dachte. Die erste Sitzung nähert sich ihrem Ende, und er will noch das Thema Eigen- und Fremdwahrnehmung ansprechen.

»Frau Union, ich stimme Ihnen zu, wir sollten über Schumpeter hinausdenken. Am Anfang unseres Gesprächs sagten Sie, dass Sie sich physisch ganz gut fühlen. Beschreiben Sie jetzt noch einmal, wie Sie Ihre eigene Realität sehen. Und vielleicht auch, was Sie glauben, was andere in Ihnen sehen. Mir geht es bei der Frage darum, zu erkunden, ob bei Ihnen Eigenwahrnehmung und Realität im Einklang zueinander stehen. Und wenn nicht, wie groß die Realitätslücke wohl sein mag.«

Frau Union fühlt, dass das Gespräch sich seinem Ende zuneigt. Sie ist jetzt spürbar erschöpft. »Ja, physisch kann ich mich nicht beklagen. Es geht mir ganz gut. Ich hatte zwar auch schon bessere Tage, an denen ich nur so vor Kraft strotzte. Das war vor allem während meiner Wachstumsschübe so. Dann, vor acht Jahren ist das gewesen, wurde ich richtig krank und musste eine Zeitlang kürzer treten. So ganz hab ich mich davon noch nicht erholt, aber es geht. Was mich anstrengt, sind die Ungleichgewichte in meinem Körper. Es gibt ein paar Schwachstellen, und die werden einfach nicht besser. Mir wurde eine Schrumpfkur verschrieben, und ich bin mir nicht sicher, ob das die richtige Therapie ist. In Amerika haben sie mir zu Hormonen geraten, und mir scheint, es hätte besser angeschlagen. Ich bleibe jetzt erst mal dabei und sehe im nächsten Jahr, was passiert. Aber ehrlich, das Physische ist ja nicht mein größtes Problem. Es ist eine Kopfsache. Solange ich im Kopf nicht klar bin, werde ich mich auch physisch nicht in Topform fühlen. Aber wenn die Kopfsache geklärt ist, und ich verlasse mich da ganz auf Sie, Herr Freud, dann hab ich wieder die nötige Energie für alles andere.«

»Und wie sehen das die anderen?«, hakt Freud nach.

»Stimmt, diese Frage hatte ich vergessen. Ich bin da auch ein bisschen selbstverliebt in meine Probleme. Einerseits glaub ich schon, dass die anderen sehen, dass ich leide, dass ich nicht in Höchstform bin, dass ich oft unkonzentriert und unkoordiniert handele, dass ich mich dauernd mit mir selber beschäftige. Früher hab ich mich mehr für die Gemeinschaft engagiert, dazu fehlen mir zurzeit der Sinn und die Kraft. Andererseits sehen die anderen oft gar nicht, wo mein großes Problem liegt. Aus ihrer Sicht geht es mir gut, ich hab ein schönes Leben, ein gutes Fußballteam, gute Musik, reise viel und bin oft im Urlaub. In den regelmäßigen Beliebtheitsumfragen komme ich immer auf einen der drei ersten Plätze. Ich habe viel Besuch von Leuten, denen es bei mir gefällt, so wie es ist. Rede ich mit denen über meine Probleme, winken die ab und sagen, ich soll sie lieber nicht zu ihren Problemen fragen. Gerade kommen auch viele Leute zu mir, die vor einem ähnlichen Chaos flüchten, wie es meine Mutter und Vater vor meiner Geburt erlebt haben. Für die ist es bei mir wie im Himmel. Das gibt mir schon zu denken. Aber danach bekomme ich gleich eine Panikattacke, frage mich, wie ich die ganzen Besucher unterbringen werde, gerade jetzt, wo ich ja im Kopf nicht ganz richtig bin. Sie sehen, ich hab ein Problem.«

»Lassen Sie das mich analysieren, ob Sie ein Problem haben«, bringt Freud das Gespräch zum Ende. »Für die erste Sitzung war das sehr viel Stoff. Da brauchen wir nun beide eine Pause. Frau Fichtl wird Sie nach draußen geleiten und einen neuen Termin machen, wenn Sie wollen. Bis dahin, machen Sie nichts Lebensgefährliches. Auf Wiedersehen.«

Nachdem EU gegangen ist, sitzt Freud noch eine halbe Stunde in seinem Analyse-Sessel und versucht, die Fäden aus dem ersten Gespräch zu einem Teppichmuster zusammenzuknüpfen. Nach erster Reflexion stellt sich der Fall so dar:

EU ist eine erfolgreiche, gutaussehende, intelligente Frau in den besten Jahren, die sich auf dem Höhepunkt ihres Lebens übernommen hat und in eine Midlife-Crisis geschlittert ist. Dazu kam eine längere Krankheit, von der sie sich nur langsam erholt, wahrscheinlich weil sie der falschen Therapie gefolgt ist. Nach über zehn Jahren gefühlter und realer Krise hat sie das Vertrauen zu sich selbst verloren und zweifelt an ihrer Identität. Da hinein spielen nun unverarbeitete Konflikte und Komplexe aus ihrer Kindheit. Sie kommt aus einem liebenden, aber auch gestörten Elternhaus. Insbesondere der Vater scheint einen wichtigen, aber auch zerstörerischen Einfluss auf EU auszuüben, man könnte es als Hassliebe bezeichnen, die bis hin zu Ödipus-Komplexen reicht. Fast schien es so, als seien die Konflikte mit dem Vater überwunden, aber in letzter Zeit ist er trotz seines hohen Alters wieder ziemlich fit. Es sei mal dahingestellt, ob es Altersstarrsinn ist, der fehlgeleitete Wunsch zu helfen oder autoritäres Gehabe, jedenfalls kuscht EU wieder wie ein kleines Kind. Dabei geht es ja nicht darum, den Vater zu ersetzen oder zu töten. EU hat ihm viel zu verdanken. Aber EU ist mehr als Vaterland.

Der Vater leidet an einer Multipolarität, und EU hat das anscheinend geerbt. Beim Vater hat das zu regelmäßigen Krisen geführt. Die Frage ist, wie EU das unter Kontrolle behalten oder sogar positiv nutzen kann. Die Multipolarität ist ein problematischer Zustand für Frau Europa, aber fast noch schlimmer wäre Unipolarität für Europa, so schizophren das auch klingen mag. Die von der Psychologie grundsätzlich geschätzte Unipolarität war in Europa immer mit absolutem Autokratismus, Gewalt und Krieg verbunden. Deshalb ist Multipolarität in diesem Fall Teil der Lösung. Aber fällt EU das jetzt auf die Psyche? Kann sie eine multipolare Identität haben und sich damit wohl und gesund fühlen? Im Moment läuft ja einiges wieder auf Unipolarität zu, aber das schafft noch mehr Probleme. Schwierig.

EU wurde von ihren Eltern mit der Angst vor der Vergangenheit aufgezogen. Das hat zu einer angstgeprägten Identität bei EU geführt. Diese hatte aber auch eine disziplinierende Wirkung und gewaltige Energien freigesetzt. In letzter Zeit hat die Angst nachgelassen und damit auch die Disziplin und

Energie. Aber an die Stelle der Angst ist noch nichts Neues getreten. EUs Identität befindet sich in der Schwebe. Allerdings gibt es Anzeichen für eine Rückkehr der Angst vor der Vergangenheit. Das muss nicht unbedingt schlecht sein. Ob dies die Identität von EU wieder stärken wird, muss man abwarten. Aber reichen wird es nicht. EUs Identität braucht mehr als Angst.

EU ist nicht frei von einem gewissen Narzissmus. Bis vor kurzem hätte man sogar von einem Messiaskomplex sprechen können. Der Vater hat früher ja große Teile der Welt dominiert und auch EU war anfangs recht dominant. Aber Narzissmus und Dominanz haben sich in den letzten fünf Jahren im Zuge der eigenen Identitätskrise fast in nichts aufgelöst. Noch vor ein paar Jahren hat Frau Europa allen ihren Nachbarn intensiv ihr eigenes Modell aufgedrängt und mit finanziellen und anderen Anreizen dafür geworben. Dafür fehlt ihr heute das Vertrauen.

Als erste imaginäre Sitzung mit Freud war das ganz nützlich. Brauchen wir eine zweite Sitzung? Muss EU jetzt für die nächsten fünf Jahre auf die Couch? Oder lebenslang? Wie Woody Allen? Oder schaffen wir es mit einer konzentrierten Anstrengung, so wie es Freud scheinbar gelungen ist, seine eigene Lebenskrise in den Griff zu bekommen?

Welche Therapie würde Sigmund Freud anwenden? Gibt es so etwas überhaupt?

Anmerkung

1 Marina Warner, »Freuds Couch. Das Narrativ der Nächte und die Erfindung der Psychoanalyse«, Lettre International 096, Frühjahr 2012.

ANDREAS KRAß
»Die versteckten Hemden:
Ennis del Mar und Jack Twist«

Von Studienfreunden kann bei den männlichen Hauptfiguren von Brokeback Mountain, einer Kurzgeschichte der kanadischen Schriftstellerin Annie Proulx, keine Rede sein. Doch ist die Erzählung ex negativo auf das System der Wissenschaft bezogen. Die Hauptfiguren stellen ein ostentatives Gegenbild zum Typus der Studienfreunde dar. Die Verfasserin legt Wert auf die mangelnde Bildung der Freunde, deren Geschichte sie erzählt. Sie betont in einem Essay, den sie anlässlich der Verfilmung ihrer Erzählung durch Ang Lee schrieb, dass sie als Vorbild für ihre Hauptfiguren einen »ungebildeten, verwirrten und emotional orientierungslosen jungen Mann« im Sinn hatte.[1] In der Erzählung heißt es ausdrücklich, dass die Gelegenheitsarbeiter Ennis del Mar und Jack Twist »Jungen vom Land ohne Highschool-Abschluss und Berufsaussichten« sind.[2] Sie sprechen einen starken Dialekt und neigen zu Kraftausdrücken. Zwar wäre Ennis »gern mal ›Student‹ gewesen, weil er fand, dass einem das Wort ein gewisses Ansehen verlieh«. Doch scheitert der Plan daran, dass die »einstündige Fahrt von der Ranch zur Schule« für die mittellose Waise ein unüberwindliches Hindernis darstellt.[3] Sein intellektuelles Defizit wird mit dem schillernden Wort *sophomore* markiert, das ihm die Verfasserin in den Mund legt. Das Wort (in der deutschen Übersetzung vereinfachend als ›Student‹ wiedergegeben) meint den Highschool-Schüler im zweiten Jahr. Die Ironie tritt hervor, wenn man die etymologische Herkunft des Wortes in Betracht zieht. *Sophomore* setzt sich aus den altgriechischen Wörtern *sophós* (weise) und *morós* (närrisch) zusammen, kommentiert also die törichte Haltung des jungen Landbewohners, der nicht um des Wissens, sondern um des klangvollen Wortes willen Student sein will. Ennis weiß nicht, was die Verfasserin weiß: dass nämlich jenes Wort, von dem er sich gesteigertes Ansehen verspricht, ironisch auf ihn zurückfällt. Die Bildung, die Ennis und Jack so offensichtlich fehlt, steht nicht nur der Verfasserin, sondern auch den Leserinnen und Lesern der Erzählung in Fülle zur Verfügung. Sie erschien zuerst 1997 im intellektuellen Wochenmagazin *New Yorker*, bevor sie zwei Jahre später als Teil der Sammlung Close Range: Wyoming Stories veröffentlicht wurde. Der Klassen- und Bildungsunterschied zwischen den Proletariern aus der Provinz, von denen die Erzählung handelt, und den großstädtischen Bildungsbürgern, die die Erzählung rezipieren, könnte größer nicht sein. Hinzu kommt die historische Distanz. Wer die Erzählung, deren Handlung im Jahr 1963 einsetzt,[4] 1997 im *New Yorker* las, verfügte über einen Wissensvorsprung von vierunddreißig Jahren, der für die zentrale Problematik der Geschichte von großem Belang ist (ich komme darauf zurück). Indem die Verfasserin die Handlung in eine ferne Zeit, ein fernes Land und ein bildungsfernes Milieu versetzt, können die Leserinnen und Leser aus einer Position der Überlegenheit Anteil nehmen am Schicksal der armen Schlucker, deren Geschichte erzählt wird.

Proulx präsentiert die Geschichte aus allwissender Perspektive. Der panoptische Blick der Erzählinstanz hat ein Pendant in der Nebenfigur des Arbeitsvermittlers, der das Geschehen auf dem Brokeback Mountain mit einem Fernrohr kontrolliert. Die Novelle beginnt mit einer prologartigen Szene, die im Jahr 1983 spielt. Der Endpunkt der Handlung wird an den Anfang gerückt. Der fast vierzigjährige Ennis del Mar, der verwahrlost in einem Wohnwagen lebt, bereitet sich auf die Abreise vor, da ihm der Stellplatz gekündigt wurde. Im Wohnwagen hängen zwei Hemden, heißt es, und Ennis habe eben von Jack Twist geträumt. Jedes Detail dieser Szene, die im englischen Original (nicht in der deutschen Übersetzung) durch Kursivdruck hervorgehoben ist, weist symbolisch auf die Vergangenheit zurück. Dann beginnt der Rückblick, in dessen Verlauf erklärt wird, was es mit den Hemden und Träumen auf sich hat. Die Geschichte der Freunde entfaltet sich als Sequenz von vier Begegnungen, die jeweils von einem Zwischenspiel unterbrochen werden. Die ersten beiden Intervalle erzählen vom jeweiligen Ehe- und Familienleben der Freunde, die letzten beiden von ihren Erinnerungen an Zeiten des gemeinsamen Glücks. Die Geschichte endet mit einem Epilog – einem Traumbild, das den Bogen zum Prolog zurückschlägt. Die erste Begegnung der Freunde findet 1963 auf dem Brokeback Mountain statt, die zweite 1971 in einem Motel, die dritte (nach einer Reihe summarisch erzählter Wiedersehen) im Mai 1983 auf einem anderen Berg, die vierte im Elternhaus des inzwischen gestorbenen Jack. Das Wiedersehen der Freunde wird jeweils durch Briefe eingeleitet. Den ersten schreibt Jack vor dem ersten Wiedersehen, den letzten erhält Ennis zurück, weil Jack inzwischen gestorben ist.

Brokeback Mountain ist die Geschichte einer passionierten Männerfreundschaft, die eine Grenze überschreitet. Die Hauptfiguren verstehen sich ausdrücklich als Freunde. Jack schreibt in seinem ersten Brief an Ennis: »Freund dieser Brief ist schon lange über fällig.«[5] Dass Jack an die Tradition der Brieffreundschaft anknüpft, ist umso bemerkenswerter, als ihm, wie die fehlerhafte Zeichensetzung und Rechtschreibung zeigen, das Schreiben schwerfällt. Beim Wiedersehen kommt es zur Aussprache, in der Jack Ennis wiederum als Freund anspricht:

> »Freund«, sagte Jack, »die Situation ist wirklich zum Kotzen. Müssen uns überlegen, was wir machen. [...] Da muss ich dir was sagen, Freund, kann sein, dass uns in dem Sommer jemand gesehn hat.«[6]

Bei ihrem letzten Treffen knüpft Jack an dieses Gespräch an, wenn er Ennis wiederum als seinen Freund anredet: »Freund, du weißt, das ist eine zum Kotzen unbefriedigende Situation. Sonst konntest du doch immer ohne weiteres fort. Jetzt ist das wie eine Audienz beim Papst.«[7] Die beschwörende Anrede als Freund steht im Kontrast zur Entfremdung, die im Vergleich mit dem Papst angezeigt wird. Ennis hingegen gibt eine Antwort, die sich als Absage an die Vorstellung der Wesenseinheit von Freunden lesen lässt: »Ich bin nicht du.«[8]

Auf symbolischer Ebene wird das Freundschaftsthema durch das Motiv der Kleidung unterstützt, das auch im *Ripley*-Roman eine zentrale Rolle spielt. Jack stellt die Gemeinschaft mit dem abwesenden Freund in der Weise her, dass er eines seiner Hemden entwendet und sein eigenes Hemd darüber hängt. Das Motiv wird in der Prologszene als scheinbar nebensächliches Detail eingeführt: »Die Hemden, die an einem Nagel hängen, schwanken ein wenig im Luftzug.«[9] Das zeitlich vorausgehende Ereignis, nämlich Ennis' Besuch in Jacks Elternhaus und der Fund der Hemden im Zimmer seines Freundes, wird erst am Ende der Geschichte nachgereicht. Der Ursprung des Symbols reicht bis zur ersten Begegnung der Freunde auf dem Brokeback Mountain zurück, als Jack Ennis' Hemd als heimliches Andenken an den Freund mit sich nahm. Doch wird dieses Ereignis erst am Ende als Jacks letzte Erinnerung vor seinem gewaltsamen Tod erzählt. Durch die chronologische Inversion, in der sich zwanzig Jahre verdichten, entfaltet das Motiv der Hemden eine geradezu sakramentale Wirkung. Die übereinandergehängten, ineinander verschränkten Hemden spiegeln Jacks Wunsch nach Einheit und Gemeinschaft. Ennis findet die Hemden in einem abgeteilten Fach in Jacks Kleiderschrank (*closet*), das als Versteck im Versteck und zugleich als Tabernakel dient. Der sakramentale Charakter wird durch das Motiv des Bluts gestützt. Jacks Hemd ist mit Ennis' Blut getränkt:

> Das trockene Blut am Ärmel war sein eigenes, von einem heftigen Nasenbluten am letzten Nachmittag auf dem Berg, als Jack ihn im Drunter und Drüber ihrer Ringkämpfe mit dem Knie hart an der Nase getroffen hatte. Jack hatte das Blut, das nur so hervorschoss, zuerst mit seinem Hemdsärmel gestillt.[10]

Jack hat das Hemd seines Freundes in das eigene Hemd gesteckt:

> Das Hemd kam ihm schwer vor, bis er merkte, dass noch ein zweites Hemd darin steckte, die Ärmel sorgfältig in die Ärmel des ersten hineingezogen. Es war sein eigenes, ein kariertes Flanellhemd, von dem er geglaubt hatte, dass es vor langer Zeit in irgendeiner verdammten Wäscherei verlorengegangen war, sein dreckiges Hemd mit aufgerissener Tasche und fehlenden Knöpfen, von Jack gestohlen und hier in dem andern versteckt, wie zwei Häute, dieses Paar, das eine im andern, zwei in eins.[11]

Die Hemden verweisen auf die traditionelle Formel, dass Freunde ein Herz und eine Seele seien: »das eine im andern, zwei in eins«. Während Ennis die Einheit in der Freundschaft verneint (»Ich bin nicht du«), stellt Jack sie symbolisch her. Er bewahrt im Zeichen der Hemden einen vergangenen Moment, in dem er sich mit seinem Freund eins fühlte:

> Woran Jack sich erinnerte und wonach er sich auf eine Weise sehnte, die er weder begreifen noch ignorieren konnte, war der Augenblick in jenem längst vergangenen Sommer auf dem Brokeback, als Ennis hinter ihn getreten und ihn an sich gezogen hatte, die stumme Umarmung, die einen gemeinsamen, geschlechtslosen Hunger stillte.[12]

Im Erinnerungszeichen findet ein Tausch statt, der die Idee der Einheit unterstreicht. In der tatsächlichen Begegnung umarmte Ennis Jack; doch nun ist es Jacks Hemd, das Ennis' Hemd umhüllt. Die stumme Umarmung, an die sich Jack erinnert, wird durch das Bild der vereinten Schatten verstärkt: »Lange hatten sie so vor dem Feuer gestanden, die Flammen warfen rötliche Lichtfetzen, die Schatten ihrer Körper eine einzige Säule am Felsen.«[13] Proulx beschreibt den Prozess, wie aus dem Ereignis eine Erinnerung wird, wie folgt:

> Später verfestigte sich diese schläfrige Umarmung in seiner Erinnerung als der einzige Augenblick aufrichtigen Glücks auf ihren getrennten und schwierigen Lebenswegen. Nichts konnte das zerstören, nicht mal das Wissen, dass Ennis ihm damals nicht ins Gesicht sehen wollte, weil er nicht sehen oder spüren mochte, dass Jack es war, den er in den Armen hielt. Und vielleicht, dachte er, waren sie nie recht viel weiter gekommen. Lass sein, lass sein.[14]

Die ausklingenden Worte (»Lass sein, lass sein«), denen wenig später die Mitteilung von Jacks angeblichem Unfall folgt, verweisen auf jenen Moment, in dem der sterbende Jack sein

Leben loslässt und zugleich ablässt von der Enttäuschung über die verlorene Zukunft mit dem geliebten Freund.

Die Passion, die die Freunde füreinander empfinden, übt eine verstörende Wirkung auf sie aus. Sie ist deshalb so bedrohlich, weil sie die Grenze dessen überschreitet, was ihre Zeit und ihr Milieu einer Männerfreundschaft zugestehen. Es ist eine Leidenschaft, die auf die Körper übergreift und mit jener Homophobie in Konflikt gerät, vor der sie selbst nicht gefeit sind. Die Vehemenz ihrer Passion kommt in symbolischen Naturschilderungen zum Vorschein. Die Freunde sind ihren Gefühlen so schutzlos ausgeliefert wie dem Gebirgswetter:

> Der Berg, kalt glänzend im flackernden Licht aufbrechender Wolken, brodelte vor dämonischer Energie, der Wind kämmte das Gras und entlockte angeknacksten Bergkiefern und Felsspalten ein bestialisches Heulen.[15]

Die wechselnden Berglandschaften, die sie im Laufe der Jahre aufsuchen, verweisen nicht nur auf die Ruhelosigkeit der Freunde, sondern auch auf die Affekte, von denen sie heimgesucht werden:

> Jahraus, jahrein kletterten sie über Bergwiesen und Gebirgsbäche mit schwerbepackten Pferden hinauf in die Bighorns und die Medicine Bows, in den Südteil der Gallatins, in die Absarokas, Granites, Owl Creeks, die Bridger-Teton-Kette, die Freezeouts und die Shirleys, Ferrises und Rattlesnakes, die Salt-River-Kette, immer wieder in die Wind-River-Berge, die Sierra Madre, die Wyoming-Kette, die Wahakies, Laramies, kamen aber nie wieder zum Brokeback.[16]

Die Namen fügen sich zu einer Landkarte der Leidenschaft zusammen, die mit phallischen (Bighorn), melancholischen

(Owl Creeks, Salt River) und phobischen (Freezeouts, Rattlesnakes) Konnotationen ausgestattet ist. Die Landschaftsschilderungen rufen die literarische Gattung der Bukolik, der erotischen Hirtendichtung, auf, die von Schäferstündchen in freier Natur erzählt. Die Gattungsbezeichnung enthält das griechische Wort boukólos, das den Rinderhirten bezeichnet. Im Kontext von Brokeback Mountain spiegelt sich darin das Selbstverständnis der Freunde als Cowboys. Außerdem gemahnt der Schauplatz an den Sündenfall im Paradies. Wenn es heißt, dass in der Abgeschiedenheit des Brokeback Mountain jeder von ihnen »froh [war], einen Gefährten gefunden zu haben, wo er keinen erwartet hatte«,[17] so kann dies als Anspielung auf die Erschaffung der Menschen verstanden werden. Der erste Mensch wäre allein mit den Tieren im Paradies geblieben, wenn Gott ihm nicht einen Gefährten geschenkt hätte. Die Gefährten sind eins, sind füreinander und auseinander geschaffen: »Bein von meinem Bein, Fleisch von meinem Fleisch« (Gen 2,23). Der Sündenfall der Freundschaft besteht weniger in der sexuellen Grenzüberschreitung als in der Trennung der Freunde: »Während sie den Hang hinabstiegen, hatte Ennis das Gefühl, kopfüber zu fallen, langsam, wie in Zeitlupe, doch unaufhaltsam.«[18] Der Berg ist das Paradies der Freunde; aber es ist ein unwirtliches Paradies, das die Mühsal der Vertreibung schon in sich trägt. Der Name Brokeback verweist auf die unausweichliche Gebrochenheit ihrer Beziehung (und den gebrochenen Rücken des ermordeten Jack). Dennoch bleibt der Brokeback Mountain der einzige Ort, an dem »die Welt ihnen allein gehörte und nichts daran schlecht zu sein schien«.[19] Die späteren Begegnungen sind vergebliche Versuche der Rückkehr ins verlorene Paradies. Die Freunde suchen viele Berge auf, »kamen aber nie wieder zum Brokeback«.[20] Daran hindert sie jene Person, die das Verbot verhängte, die Einhaltung kontrollierte und die Überschreitung ahndete. Es ist der gottgleiche Arbeitsvermittler Joe Aguirre, der das getrennte Nachtlager der Schafhirten befiehlt, mit seinem »10x42er Fernrohr«[21] voyeuristischer Zeuge ihrer Liebe wird und im nächsten Sommer Jack den Job mit der Begründung verweigert, dieser werde nicht dafür bezahlt, dass er mit seinem Gefährten die »Frühlingsgefühle austobt«.[22]

Das körperliche Begehren, der Sündenfall der passionierten Freundschaft, wird ebenfalls symbolisch zur Geltung gebracht. Die Bilder sind der Lebenswelt der Freunde entnommen. Zunächst ist das Bildfeld der Tiere zu nennen, vor allem der Pferde, Bullen und Schafe. Ennis hat einen »muskulösen und geschmeidigen Körper, wie geschaffen zum Reiten«.[23] Beim ersten Wiedersehen redet Ennis Jack voller Erregung mit einem Kosewort an, das »er sonst nur zu seinen Pferden und Töchtern sagte, mein Liebling«.[24] Auch Jack ist erregt von der Aussicht auf eine Liebesnacht: »zitternd wie ein erschöpftes Pferd«.[25] Nach dem Sex ruft Jack aus: »Mein Gott! Muss davon kommen, dass du so viel reitest, dass es so verdammt gut ist«.[26] Jack weiß, wovon er spricht, denn er verdient sein Geld beim »Bullenreiten«.[27] Einmal kommt dabei ein Kollege zu Tode, dem »das Horn rein[ging] wie'n Messstab in die Ölwanne«.[28] Jack schläft auch mit anderen Männern; er ist jemand, »der nicht nur Bullen geritten hatte und ohne Selbstgedrehtes auskam«.[29] Einmal vermischt sich die Schafherde, für deren Bewachung die Freunde verantwortlich sind, mit einer fremden Herde – ein Bild für die personale Einheit der Freunde, aber auch für die Vereinigung ihrer Körper und den Widerspruch der Gefühle: »Alles schien in beunruhigender Weise vermischt zu sein.«[30] Hinzu kommt das Bildfeld der Waffen. Als die Freunde das erste Mal miteinander schlafen, kündigt Jack seinen Orgasmus mit den Worten an: »Gleich ballert's *los*«.[31] Als sie sich über diesen Vorfall unterhalten, spielt Jack ihn mit den Worten herunter, dass es sich um eine einmalige Sache handle: *A one-shot thing*.³² Das dritte Bildfeld ist die Symbolik des Liebesfeuers. Eine der letzten Liebesnächte findet vor einem Kamin statt, dessen Feuer von »tote[m] Holz«³³ genährt wird. Das Motiv verweist darauf, dass die »Glut ihrer seltenen Paarungen [...] verdunkelt [wurde] von dem Gefühl, dass ihnen die Zeit davonflog, dass sie nie genug Zeit hatten, nie genug«.³⁴ Auch Platons Mythos der Kugelmenschen wird aufgerufen. Als sich die Freunde zum ersten Mal wiedersehen, streben ihre Körper geradezu gewaltsam zueinander:

> Sie packten sich bei den Schultern, umarmten sich gewaltig, drückten sich, dass ihnen die Luft wegblieb, sagten, du Hurensohn, du Hurensohn, und dann, so leicht, wie wenn der richtige Schlüssel das Schloss öffnet, kamen ihre Münder zusammen, so hart, dass Jacks große Zähne bis aufs Blut drangen [...], und immer noch hielten sie sich umklammert, Brust an Brust, Lende an Lende und Schenkel an Schenkel, traten sich auf die Zehen, bis sie sich trennen mussten, um Atem zu schöpfen.³⁵

Hier treffen zwei getrennte Hälften aufeinander, die sich wieder zu einem Ganzen, zu *einem* Bein und *einem* Fleisch vereinigen wollen.

Die Bedeutung der Novelle *Brokeback Mountain* für die Literaturgeschichte der Männerfreundschaft besteht darin, dass sie vom körperlichen Verkehr zweier Männer erzählt, die sich als Freunde, und zwar als *heterosexuelle* Freunde wahrnehmen. Die Geschichte handelt nicht von »schwulen Cowboys«,³⁶ sondern von heterosexuellen Männerfreunden, die gelegentlich Sex miteinander haben. Sie erzählt von zwei Männern, die als Schafhirten und Bullenreiter traditionell männliche Berufe ausüben, verheiratet sind, Familien gründen und ihre Frauen und Kinder lieben. Dass sie sich nicht als Homosexuelle wahrnehmen, liegt an der Homophobie, die sich in zweifacher Hinsicht auswirkt. Einerseits ist ihnen klar, dass ein gemeinsames Leben nicht möglich wäre, da es zur sozialen Ächtung führte – unabhängig davon, ob sie Sex haben oder nicht. Die gesellschaftliche Homophobie blockiert den Übergang von der Männerfreundschaft zur Lebensgemeinschaft. Dies wird deutlich, als Jack dem Freund vorschlägt, gemeinsam eine Ranch zu bewirtschaften. Ennis lehnt ab: »zwei Männer, die zusammenleben? Nein. Wie ich es sehe, können wir uns höchstens ab und zu mal treffen, irgendwo draußen am Arsch der Welt ...«[37] Andererseits haben beide Männer die Blockade verinnerlicht. Sie haben und brauchen keine Sprache für das, was sie tun:

> Über Sex sprachen sie nie, sie ließen ihn geschehen, zuerst nur nachts im Zelt, dann auch am helllichten Tag in der heißen Sonne und abends beim Feuerschein, schnell, hart, lachend und schnaufend, jede Menge Geräusche, aber geredet wurde kein Sterbenswörtchen, nur einmal sagte Ennis: »Ich bin nicht schwul«, und darauf Jack: »Ich auch nicht!«[38]

Das einzige Wort, das sie darüber verlieren, ist ein indirektes Bekenntnis zur Heterosexualität. In der deutschen Übersetzung sagt Ennis: »Ich bin nicht schwul«, im englischen Original: *I'm not no queer*. Das Wort *queer* ist in den 1960er Jahren ein diskriminierender alltagssprachlicher Begriff, der so viel wie ›andersrum‹ bedeutet. Was sich mit dem Wort verbindet, wird in einer grausamen Anekdote deutlich, die Ennis erzählt:

> Jack, ich will nicht so einer werden wie die Typen, die man manchmal sieht. Und am Leben bleiben möchte ich auch. Da, wo ich herkomme, gab es zwei alte Knaben, die zusam-

men eine Ranch hatten, Earl und Rich – Dad machte so seine Bemerkungen, wenn er die sah. Die beiden waren ein Witz, obwohl sie ziemlich hartgesottene Typen waren. Wie alt war ich, neun, da fand man Earl in einem Bewässerungsgraben, tot. Sie hatten ihm einen Wagenheber angelegt, ihn eingeschraubt, ihn am Schwanz herumgeschleift, bis er abriss, alles ein blutiger Brei.[39]

Als *queer* wahrgenommen zu werden heißt: sich in Lebensgefahr begeben. Die Lynchjustiz, die Sanktionierung des angeblichen Vergehens mit einer drakonischen Spiegelstrafe erinnert an Marlowes Drama *Eduard II*. In der Welt, in der Jack und Ennis leben, geistert noch das vormoderne Gespenst der Sodomie.

Mit dem Satz *I'm not no queer* verhält es sich ähnlich wie mit dem Wort *sophomore*. Man kann zwischen dem Wissensstand der Figur und der Autorin unterscheiden. Wenn Ennis den Satz ausspricht, legt er das Bekenntnis ab, nicht schwul zu sein. Die doppelte Verneinung ist eine mundartliche Besonderheit, die die Aussage nicht aufhebt. Ennis kann das Wort *queer* nur so verstehen, wie man es zu seiner Zeit gebraucht, nämlich als homophoben Begriff. Im Jahr 1997 hingegen hat das Wort eine neue Bedeutung erlangt, nämlich als affirmative Selbstbezeichnung in politischen und akademischen Zusammenhängen. In diese Richtung zielt auch Annie Proulx, wenn sie in ihrer Kurzgeschichte das Phänomen der Homophobie einer kritischen Analyse unterzieht. Hochsprachlich verwendet, versteht sich der Satz *I'm not no queer* als positives Bekenntnis, da sich die doppelte Verneinung aufhebt und *queer* eine emanzipatorische Bedeutung angenommen hat. Derselbe Satz kann Gegensätzliches bedeuten – je nachdem ob er in Ennis' oder Annies Mund erklingt. Am Ende der Geschichte sagt Ennis: »Jack, ich schwöre ...«[40] Er bricht den Satz ab, da der Sprechakt des Schwurs einer Zukunft bedarf, die durch Jacks Tod unmöglich geworden ist. Und dennoch eröffnet er eine Zukunftsperspektive, die sich 1997, im Jahr des ersten Erscheinens, teilweise erfüllt hat.

Indem die Verfasserin die erzählte Geschichte auf zeitliche, räumliche und soziale Distanz bringt, stellt sie dem Willen zum Wissen, von dem Foucault spricht, einen dezidierten *Willen zum Nichtwissen* entgegen. Die Handlung beginnt vor den Anfängen der schwul-lesbischen Befreiungsbewegung und endet vor der Aids-Krise. Als die Handlung zeitlich voranschreitet, erfahren die Hauptfiguren nichts von den Stonewall-Unruhen des Sommers 1969 und ihren gesellschaftspolitischen Folgen. Sie erfahren auch nichts von den großstädtischen Milieus, in denen schwule Männer schon seit den späten 1960er Jahren ein vergleichsweise selbstbestimmtes Leben führen konnten. Es scheint für Jack, der seinem Freund doch immerhin die gemeinsame Auswanderung nach Mexiko vorschlägt, offenbar keine Option zu sein, ins Castro-Viertel von San Francisco zu ziehen. Da die Geschichte unmittelbar vor Beginn der Aids-Krise endet, ist ungeschützter Sex noch kein Problem: »dank einem Vorläufertröpfchen und etwas Spucke drang [Ennis in Jack] ein«.[41] Die Bedrohung der Freunde besteht nicht in einem Virus, sondern in der Homophobie der Landbewohner. Die Entscheidung der Verfasserin, die Geschichte in die Vergangenheit zu verlagern, hat einen ambivalenten Aspekt. Einerseits erlaubt die historische Distanz, das Phänomen der Homophobie wie unter einem Brennspiegel zu beschreiben. Andererseits begünstigt sie eine sentimentale Perspektive. *Brokeback Mountain* erzählt am Beispiel einer Männerfreundschaft noch einmal die Geschichte von der Naturgewalt passionierter Liebe. Die Geschichte stellt die utopische Phantasie eines paradiesischen Naturorts bereit, an dem man Sex haben kann, ohne ihn diskursiv bewältigen zu müssen: »Über Sex sprachen sie nie, sie ließen ihn geschehen.«[42] Die Unwissenheit der Männer begünstigt ihre Lust eher, als dass sie sie beeinträchtigt. In der ersten Sexszene heißt es, dass Ennis etwas tat, »das er noch nie getan hatte, aber es ging ohne Gebrauchsanleitung«.[43] *Love is a force of nature*, lautet der Untertitel von Ang Lees Verfilmung, der Liebe zur Naturtatsache erklärt und alle wissenschaftlichen Erkenntnisse über Liebe als Diskurs und Code über Bord wirft. Dass Jack am Ende ermordet und von Ennis betrauert wird, dass also die Geschichte als Totenklage gerahmt wird, erlaubt es, wie schon so oft, von passionierter Männerfreundschaft zu erzählen, ohne Anstoß zu erregen. Die Neuerung besteht darin, dass die *körperliche* Passion, der symbiotische Mechanismus der Intimität, der vormals der heterosexuellen Liebe vorbehalten war, in den Freundschaftsdiskurs integriert wird. Auch wenn die Freunde eine sexuelle Grenze überschreiten, sind sie Hauptfiguren einer Geschichte über Männerfreundschaft, nicht über Homosexualität.

Anmerkungen

1 Annie Proulx, »Brokeback Mountain«, S. 350.
2 Ebd., S. 306. In ihrem Essay »Verfilmt werden« erklärt Proulx, dass sie »einen beliebigen ungebildeten, verwirrten und emotional orientierungslosen jungen Mann« im Sinn hatte, »der in einem offen schwulenfeindlichen ländlichen Wyoming aufwuchs« (ebd., S. 350).
3 Ebd., S. 306 f.
4 Proulx in ihrem Essay: »Die frühen sechziger Jahre boten sich als Zeitrahmen geradezu an« (ebd., S. 351).
5 Ebd., S. 319, vgl. engl. Ausgabe, S. 294: *Friend this letter is a long time over due.*
6 Ebd., S. 324, vgl. engl. Ausgabe, S. 299: »*Friend,« said Jack. »We got us a fuckin situation here. [...] Got to tell you, friend, maybe some-*

body seen us that summer«; vgl. auch ebd. S. 322: »Freund«, sagte Jack, »ich war in Texas, hab Rodeo gemacht« (engl. Ausgabe, S. 297: *»Friend«, said Jack, »I was in Texas rodeoin«*).

7 Ebd., S. 336, vgl. S. 308: *You know, friend, this is a goddamn bitch of a unsatisfactory situation. You used a come away easy. It's like seein the pope now.*

8 Ebd., S. 338, vgl. engl. Ausgabe, S. 309: *I'm not you.*

9 Ebd., S. 305, vgl. engl. Ausgabe, S. 283: *The shirts hanging on a nail shudder slightly in the draft.*

10 Ebd., S. 345, vgl. engl. Ausgabe, S. 315 f.: *The dried blood on the sleeve was his own blood, a gushing nosebleed on the last afternoon on the mountain when Jack, in their contortionistic grappling and wrestling had slammed Ennis's nose hard with his knee. He had staunched the blood which was everywhere, all over both of them, with his shirtsleeve.*

11 Ebd., S. 345, vgl. engl. Ausgabe, S. 316: *the shirt seemed heavy until he saw there was another shirt inside it, the sleeves carefully worked down inside Jack's sleeves. It was his own plaid shirt, lost, he'd thought, long ago in some damn laundry, his dirty shirt, the pocket ripped, buttons missing, stolen by Jack and hidden here inside Jack's own shirt, the pair like two skins, one inside the other, two in one.*

12 Ebd., S. 338, vgl. engl. Ausgabe, S. 310: *What Jack remembered and craved in a way he could neither help nor understand was the time that distant summer on Brokeback when Ennis had come up behind him and pulled him close, the silent embrace satisfying some shared and sexless hunger.*

13 Ebd., S. 338 f., vgl. engl. Ausgabe, S. 310: *They had stood that way for a long time in front of the fire, its burning tossing ruddy chunks of light, the shadow of their bodies a single column against the rock.*

14 Ebd., S. 339, vgl. engl. Ausgabe, S. 311: *Later, that dozy embrace solidified in his memory as the single moment of artless, charmed happiness in their separate and difficult lives. Nothing marred it, even the knowledge that Ennis would not then embrace him face to face because he did not want to see nor feel that it was Jack he held. And maybe, he thought, they'd never got much farther than that. Let be, let be.*

15 Ebd., S. 316, vgl. engl. Ausgabe, S. 292: *The mountain boiled with demonic energy, glazed with flickering broken-cloud light, the wind combed the grass and drew from the damaged krummholz and slit rock a bestial drone.*

16 Ebd., S. 331, vgl. engl. Ausgabe, S. 304: *Years on years they worked their way through the high meadows and mountain drainages, horsepacking into the Big Horns, Medicine Bows, south end of the Gallatins, Absarokas, Granites, Owl Creeks, the Bridger-Teton Range, the Freezeouts and the Shirleys, Ferrises and the Rattlesnakes, Salt River Range, into the Wind Rivers over and again, the Sierra Madres, Gros Ventres, the Washakis, Laramies, but never returning to Brokeback.*
17 Ebd., S. 313, vgl. engl. Ausgabe, S. 289: *each glad to have a companion where none had been expected.*
18 Annie Proulx, »Brokeback Mountain«, S. 316, vgl. engl. Ausgabe, S. 292: *As they descended the slope Ennis felt he was in a slow-motion, but headlong, irreversible fall.*
19 Ebd., S. 306, vgl. engl. Ausgabe, S. 283 f.: *when they owned the world and nothing seemed wrong.*
20 Ebd., S. 331, vgl. engl. Ausgabe, S. 304: *but never returning to Brokeback.*
21 Ebd., S. 315, vgl. engl. Ausgabe, S. 291: *10x42 binoculars.*
22 Ebd., S. 325, vgl. engl. Ausgabe, S. 299: *stemmed the rose* (die englische Redewendung spielt auf den Analverkehr an).
23 Ebd., S. 309, vgl. engl. Ausgabe, S. 286: *muscular and supple body made for the horse.*
24 Ebd., S. 320, vgl. engl. Ausgabe, S. 295: *said what he said to this horses and daughters, little darlin.*
25 Ebd., S. 321, vgl. engl. Ausgabe, S. 296: *trembling like a run-out horse.*
26 Ebd., S. 322, vgl. engl. Ausgabe, S. 297: *Christ, it got a be all that time a yours ahorseback makes it so goddamn good.*
27 Ebd., S. 322, vgl. engl. Ausgabe, S. 297: *Bullridin.*
28 Ebd., S. 323, vgl. engl. Ausgabe, S. 298: *got his oil checked with a horn dipstick.*
29 Ebd., S. 324, vgl. engl. Ausgabe, S. 298: *who had been riding more than bulls, not rolling his own.*
30 Ebd., S. 316, vgl. engl. Ausgabe, S. 292: *In a disquieting way everything seemed mixed.*
31 Ebd., S. 314 f., vgl. engl. Ausgabe, S. 291: *gun's goin off.*
32 Ebd., S. 315, vgl. engl. Ausgabe, S. 291: *A one-shot thing. Nobody's business than ours.*
33 Ebd., S. 335, vgl. engl. Ausgabe, S. 307: *deadwood.*
34 Ebd., S. 335, vgl. engl. Ausgabe, S. 307: *The brilliant charge of their*

infrequent couplings was darkened by the sense of time flying, never enough time, never enough.

35 Ebd., S. 320, vgl. engl. Ausgabe, S. 295: *They seized each other by the shoulders, hugged mightily, squeezing the breath out of each other, saying, son of a bitch, son of a bitch, then, and easily as the right key turns the lock tumblers, their mouths came together, and hard, Jack's big teeth bringing blood [...] and still they clinched, pressing chest and groin and thigh and leg together, treading on each other's toes until they pulled apart to breathe.*

36 So zum Beispiel im Feuilleton der *Frankfurter Allgemeinen Zeitung* vom 30. Januar 2006.

37 Annie Proulx, »Brokeback Mountain«, S. 327, vgl. engl. Ausgabe, S. 301: *Two guys livin together? No. All I can see is we get together once in a while way the hell out in the back a nowhere –.*

38 Ebd., S. 315, vgl. engl. Ausgabe, S. 291: *They never talked about sex, let it happen, at first only in the tent at night, then in the full daylight with the hot sun striking down, and at evening in the fire glow, quick, rough, laughing and snorting, no lack of noises, but saying not a goddamn word except once Ennis said, »I'm not no queer,« and jack jumped in with »me neither«.*

39 Ebd., S. 326 f., vgl. engl. Ausgabe, S. 300 f.: *Jack, I don't want a be like them guys you see around sometimes. And I don't want a be dead. There was these two old guys ranched together down home, Earl and Rich – Dad would pass a remark when he seen them. They was a joke even though they was pretty tough old birds. I was what, nine years old and they found Earl dead in a irrigation ditch. They'd took a tire iron to him, spurred him up, drug him around by his dick until it pulled off, just bloody pulp.*

40 Ebd., S. 347, vgl. engl. Ausgabe, S. 317: *Jack, I swear –.*

41 Ebd., S. 314, vgl. engl. Ausgabe, S. 290: *and, with the help of the clear slick and a little spit, entered him.*

42 Ebd., S. 315, vgl. engl. Ausgabe, S. 291: *They never talked about the sex, let it happen.*

43 Ebd., S. 314 f., vgl. engl. Ausgabe, S. 290: *nothing he'd done before but no instruction manual needed.*

CHRISTINE OTT
»La deutsche Vita: Ist das Essen in Deutschland wirklich so schlecht?«

Was ist das bloß für eine Küche, was zum Teufel ist das für ein Geschmack, diese Liebe zu blutigen Innereien und fetten Würsten und dann dieser Kuchenwahn, erwachsene Männer, die sich mittags ins Café setzen und sich mit meterhohen Tortenschnitten vollstopfen, Schicht auf Schicht dunkle Schokoladenkrem oder gelbe Butterkrem. Vielleicht habe ich damals gedacht, dann sind sie also wirklich so, brutal und süßlich, sie sind es bis ins Mark, die Deutschen, bis zu den Geschmacksknospen.[1]

Obwohl sie sich in ihrem Buch *Cibo* um die Dekonstruktion von Esskultur-Klischees bemüht, lässt sich Helena Janeczek hier zu einem antideutschen Ausbruch hinreißen. Zu befremdlich scheint ihr die widersprüchliche deutsche Vorliebe zu Blutwurst einerseits und Buttercremetorte andererseits – ein Zeichen dafür, dass die Deutschen »brutali e sdolcinati« seien. »Sdolcinato«, hier behelfsmäßig mit »süßlich« übersetzt, wird im Italienischen heute übertragen verwendet und bezeichnet ein manieriertes Verhalten oder etwas Kitschiges. Janeczeks Gebrauch der beiden kontrastierenden Adjektive suggeriert eine falsche Süße, hinter der sich Brutalität verbirgt. Nicht umsonst weist die Erzählerin wenig später darauf hin, dass ja auch Hitler Vegetarier gewesen sei.

Auch wenn die deutsche Vorliebe für Sahnetorten in der Gegenwartsliteratur nur selten solch bittere Assoziationen auslöst, ist eine (vorwiegend negative) assoziative Verknüpfung von Geschmacksqualitäten und »deutschen« Eigenschaften gerade in der Migrationsliteratur häufig. So gibt sich etwa die deutsch-türkische Autorin Hatice Akyün davon überzeugt, die hohe Zahl gescheiterter Ehen in Deutschland hänge mit der Fadheit der hiesigen Küche zusammen. Die deutsche Hochzeitssuppe könne mit der türkischen, »schwer und üppig wie eine anatolische Braut«, eben nicht mithalten: »Mir fiel die deutsche Hochzeitssuppe ein, die ich einmal gegessen hatte. Kein Wunder, dass es in Deutschland so viele Scheidungen gibt, wenn schon die Hochzeitssuppe so fad ist.«[2] Von dieser Überlegung ist es nur ein kleiner Schritt bis zur Assoziation zwischen Esskultur und Sexleben bei der deutsch-türkischen Autorin Aslı Sevindim:

> [...] denn ich hatte Stefan ausgesucht. Eine Kartoffel. So nennen wir Türken manchmal deutsche Erdenbewohner. Weil sie – ganz einfach – ziemlich viele Kartoffeln essen. Manche heißblütigen Türken und Türkinnen wollen damit sicher auch zum Ausdruck bringen, dass Deutsche ungefähr genauso aufregend und sexy sind wie Kartoffeln, nämlich gar nicht.[3]

Die Italienerin Angela Troni schlägt in die gleiche Kerbe, wenn sie den Deutschen wenig Genussfähigkeit bescheinigt: Zwar investierten sie gerne in supermoderne Einbauküchen, dies aber nur, um »darin Fertiggerichte von Feinkost Aldi und Co. in der Mikrowelle aufzuwärmen«[4], die sie dann in Sekundenschnelle herunterschlängen. Vor allem aber sieht sie den deutschen Geschmackssinn als heillos verdorben, denn was durfte man schon von einem Volk erwarten, das kulinarische Schwerverbrechen wie Pizza Hawaii oder, noch besser, Pizza mit Hähnchenbrust, Ananas und Currysauce für genießbar hielt? Von Salzbrezeln mit Nutella, Käsebrötchen mit Honig oder diesen ekelhaften blassen Würstchen, die sie hier allerortens zum Frühstück auslutschten, ganz zu schweigen.[5]

Nun stammen diese wenigen Kostproben (bis auf den Roman von Helena Janeczek) aus einer Sparte der Unterhaltungsliteratur, die sich auf die amüsante Darstellung des (kulinarischen) *culture clash* spezialisiert hat. Doch kommt die deutsche Esskultur auch bei Experten kaum besser weg. Insbesondere der Gastronomiekritiker und Kochbuch-Autor Wolfram Siebeck wurde nicht müde, die deutsche »Plumpsküche« und die protestantisch-preußische Genussfeindlichkeit – diesen »Bestandteil unseres Nationalcharakters« – zu geißeln.[6] Wie auch der Gastrokritiker Jürgen Dollase sah er neben mangelnder Genussfähigkeit den »notorischen« Geiz der Deutschen als größtes Hindernis für eine verfeinerte Esskultur.

Dass sich die deutsche Esskultur der Gegenwart trotz aller gegenwärtigen Hedonismus-Tendenzen bei weitem noch nicht zu einer Alltagskultur entwickelt habe, meint auch Daniele Dell'Agli. Den Beweis für die seit jeher währende Geringschätzung, die die Deutschen gegenüber dem Essen an den Tag legen, liefert ihm – die deutsche Sprache. Denn ist nicht Sprache jenes Medium, in dem der Mensch sein Verhältnis zur ihn umgebenden Welt ausdrückt? Mag auch der Ursprung idiomatischer Wendungen wie »alles Wurst« oder »so ein Käse« längst vergessen sein – Dell'Agli zufolge zeugen sie von einer verblüffenden Verachtung von Dingen, die ja doch – immerhin – nichts weniger als unsere Lebensmittel sind. In der Tat, in Deutschland spricht man bei schlechter Laune davon, »schlecht gefrühstückt« zu haben – für das Gegenteil davon, die gute Laune, gibt es keine alimentäre Idiomatik.[7] Allein das Wort »Frühstück« empfindet der Autor als eine Zumutung: »Kann es ein liebloseres, ein nüchtern-pragmatischeres, ein phantasieloseres Wort für das erste (und für Deutsche angeblich das wichtigste) Mahl des Tages geben?«[8] Auch das Backwerk, das beim Frühstück die Hauptrolle spielt, kommt nicht gerade gut weg, wie die Ausdrücke »etwas versemmeln« oder »Pustekuchen!« zeigen. Noch seltsamer scheint, dass die in Deutschland doch so beliebten Würste derart negativ besetzte Sprachbilder generieren wie »alles Wurst«, »verwursten«, »Extrawurst«, »armes Würstchen« oder auch – um im Assoziationsfeld der Würste zu bleiben – »seinen Senf dazugeben«. Schon verständlicher scheint da die »Diffamierung des Käses« die, so Dell'Agli, allein schon ausreichen könnte, »die Erbfeindschaft zwischen Deutschland und Frankreich zu erhellen« und die »bezeichnenderweise nur noch im angelsächsischen Sprachraum anzutreffen« sei.[9] Doch auch all die anderen alltäglichen Nahrungsmittel – Apfel, Ei, Birne, Kirsche – ebenso wie Kochtechniken (»in die Pfanne hauen«) treten regelmäßig in negativ besetzten Redewendungen auf, während man nach positiven Assoziationen vergeblich sucht (mit wenigen Ausnahmen, wie etwa »Schokoladenseite«). Dass die gebrachten Beispiele keineswegs kontingent seien, belegt Dell'Agli, indem er das Wörterbuch für *Moderne deutsche Idiomatik* anführt. Darin fänden sich rund 200 Beispiele aus der Abteilung »Nahrung und Gerichte« – in vergleichbaren italienischen und französischen Lexika seien es weit weniger.[10] Dies führt Dell'Agli wiederum darauf zurück, dass in Italien und Frankreich ebenso gerne über das Essen gesprochen wie gegessen würde, was wiederum dazu führe, dass es weit weniger zu negativen auf das Essen bezogenen Sprachbildern komme: »Je mehr in einer Sprachgemeinschaft offen und unmittelbar übers Essen geredet wird, desto höher scheint sein Stellenwert, desto untauglicher der Gegenstand für Übertragungen und Projektionen«.[11]

Freilich ist uns Deutschen, wenn wir »sauer« sind, etwas »satt« haben oder gar »zum Kotzen« finden, die unterschwellige Abwertung des Essens, die wir damit *auch* ausdrücken, kaum bewusst. Doch – argumentiert Dell'Agli – woher wissen wir, ob diese Redensarten nicht doch unsere Einstellung zum Essen in Form unbewusster, habitualisierter Deutungs- und Einstellungsmuster beeinflussen? Der Autor des Essays zumindest ist überzeugt, dass solche Redensarten die Mentalität von klein auf prägen und somit eine ernsthafte Aufwertung der Esskultur verhindern:

> Solange die (deutsch-)deutsche Sprachgemeinschaft in argloser Selbstverständlichkeit tagaus tagein (und nicht selten lustvoll!) Metaphern des Ekels und der Rohheit, der Aggression, Verhöhnung und Geringschätzung gebraucht, die der gastronomischen Praxis entlehnt sind, so lange werden Mittelmeerurlaub und Fernsehshow, Volkshochschulkurse und der (richtige) Italiener »um die Ecke« nichts an ihrer grundlegend defizitären Einstellung zum Essen ändern.[12]

Doch woher rührt die negative Einstellung der Deutschen zum Essen, die sich, Dell'Agli zufolge, selbst in ihrer Sprache dauerhaft sedimentiert hat? Oft wird hier das Argument der protestantischen Sinnenfeindlichkeit angeführt, ohne es jedoch näher zu erläutern. Es wirft, näher besehen, auch einige Fragen auf. Wenn nämlich Katholizismus immer automatisch Sinnenfreude und eine gute Esskultur mit sich bringt, müsste es beispielsweise im katholischen Polen sehr gut um das Essen bestellt sein. Gerade das verneint Siebeck jedoch:

> Wir liegen in der Mitte Europas und werden vom Westen und vom Osten beeinflusst. Die wichtigsten kulinarischen Einflüsse kommen vom Westen, aus Frankreich: die Verfeinerung, die Modernisierung. Leider aber kommen auch Einflüsse vom Osten. Und da muss man sagen, dass im Osten immer schon viel schlechter gekocht wurde. Die polnische Küche hat noch nie was getaugt, die russische schon gar nicht.[13]

Neben dem Gegensatz zwischen einem protestantischen Nord- und einem katholischen Süddeutschland führt Siebeck also auch ein Ost-West-Gefälle ins Feld. Dem Vorsprung des Südens, wie er etwa durch den Münchner Viktualienmarkt und das 1971 in München eröffnete Feinschmeckerrestaurant Tantris bezeugt wird, räumt Siebeck eine bedeutende Rolle als Vorreiter der heutigen Gastrowelle ein; allerdings sieht er den Vorsprung des Südens vor dem Norden heute schwinden.

Die gängige Vorstellung eines durch den »Weißwurst-Äquator« in einen kulinarisch armen Norden (»Arme-Leute-Küche«) und einen zumindest an »starken« Regionalküchen reichen Süden geteilten Landes greift auch Marin Trenk auf[14] – obgleich er Deutschland insgesamt dann der »nordatlantischen Essprovinz« zuschlägt. Tatsächlich lässt Trenk keinen Zweifel daran, dass er ähnlich wie Siebeck ebenso wenig an die Möglichkeit einer (raffinierten) deutschen Nationalküche glaubt wie an die Existenz einer *american cuisine*. Zwar brauche man sich um das Überleben der süddeutschen Regionalküchen keine Sorgen zu machen – wo regionale Kost aber nur schwach vertreten sei, werde die deutsche Küche über kurz oder lang von »Erosionsprozessen« betroffen – womit Trenk die Durchsetzung eines »amerikanischen« Ernährungsmodells meint: Einheimische Gerichte werden durch *Ethno Food* verdrängt, dieses kommt aber zunehmend als *Fast Food* auf den Tisch. Dazu noch viel Zucker und Fett in Gestalt von Cola, Ketchup und Salamipizza – insgesamt prophezeit Trenk für Deutschland eine Ernährungskatastrophe, nicht nur was die (ohnehin immer schon dürftige) Esskultur, sondern auch was die Zunahme ernährungsbedingter Zivilisationskrankheiten angeht.

Neben diesen »geographischen« Deutungen der deutschen Esskultur gibt es auch Ansätze, historische und geographische Gesichtspunkte zu kombinieren. Sie finden sich etwa bei Eva Barlösius, Peter Peter und Ullrich Fichtner, auf deren Arbeiten im Folgenden zurückgegriffen wird. Bereits im Mittelalter wies die Küche der Oberschicht (doch dies galt für das gesamte Europa) ein bemerkenswertes *Cross-over* der Esskulturen auf – mit Prunkgerichten wie etwa dem »heidnischen Haupt«, einem Kalbskopf mit Safran und Eiern auf Reiherpastete.[15] Sicherlich kein Alltagsgericht, zumal die in mittelalterlichen Luxus-Kochbüchern verzeichneten Rezepte nicht unbedingt zum Nachkochen gedacht waren. Dass die deutsche Küche dennoch ein wenig »archaischer und bescheidener« war als die der romanischen Nachbarn, mag man der frühen Kritik der Franzosen an deutscher Küche entnehmen: »Der *Ménagier de Paris* tadelt 1393, dass Deutsche den Karpfen zweimal so lang wie die Franzosen zerkochen. Und der aus der Champagne stammende Lyriker Eustache Deschamps (ca. 1345–1405) wettert auf seiner Rheinreise dagegen, dass Senf unterschiedslos auf Fleisch und Fisch geknallt wird!«[16]

In der Renaissance gab die feine Esskultur der oberitalienischen Städte auch für die deutsche Aristokratie den Ton an – erst ab dem 17. Jahrhundert setzte sich zunehmend die französische *haute cuisine* als europäisches Leitbild durch. Daneben entwickelte sich eine städtisch-bürgerliche Küche, in der sich, wie Eva Barlösius schreibt, »typisch bürgerliche Tugenden wie Sparsamkeit, Pflichterfüllung und Ordnungsliebe«

widerspiegelten.[17] In dieser Zeit bildete sich auch das beschriebene Nord-Süd-Gefälle heraus. Im Norden, wo mehr Fleisch verfügbar war, gehörte ein kräftiger Fleisch-Gemüse-Eintopf zur täglichen Kost, während im Süden Mehlspeisen in verschiedenster Form (Klöße, Spätzle, Nudeln – wie Barlösius meint, um »die alltägliche Eintönigkeit der Mehlbreie zu variieren«) das Grundnahrungsmittel bildeten.

Ein früher »Entdecker« süddeutscher Küche war Michel de Montaigne, der um 1580 ein Gasthaus in Lindau am Bodensee besuchte und sich tief beeindruckt zeigte:

> Denn was die Aufwartung bei Tisch betrifft, machen sie solchen Aufwand an Lebensmitteln und bringen in die Gerichte eine solche Abwechslung an Suppen, Saucen und Salaten, und das alles ist in den guten Gasthäusern mit solchem Wohlgeschmack zubereitet, dass kaum die Küche des französischen Adels damit verglichen werden kann, auch fände man in unseren Schlössern wenige derart geschmückte Säle. Uns unbekannt waren Quittensuppe, Suppe, in die gebackene Äpfel geschnitten waren, und Krautsalat, ferner dicke Suppen ohne Brot, z. B. von Reis, von denen alle gemeinsam essen, da besonderes Gedeck unbekannt ist.[18]

Dass sich ausgerechnet die »ärmere« Küche Süddeutschlands zu einer interessanten Regionalküche entwickelte, erklärt sich Günther Wiegelmann zufolge durch den von der Oberschicht geförderten Kontakt zur italienischen und französischen Küche. In Norddeutschland dagegen habe die Oberschicht mehr Beziehungen zur englischen und niederländischen Küche gehabt.[19]

Eine etwas andere Erklärung gibt Peter Peter. Er sieht den Protestantismus als entscheidende Ursache für die »Biederkeit« und tendentielle Sparsamkeit der deutschen Küche. Zwar hatten Luther (»Ich esse, was ich mag«) und Zwingli (*Vom erkiesen und fryheit der speisen*, 1522) die Christen vom Trauma der Fastengebote befreit. Essen und Trinken wurden von Luther ebenso wie die Sexualität als menschliche Grundbedürfnisse anerkannt. Doch Luther liebte das deftige, nicht das verfeinerte Essen. Außerdem wurde – meint Peter – die von den Fastengeboten auferlegte Fremddisziplin letztlich durch einen größeren Zwang zur Selbstdisziplin ersetzt. So schreibt Luther: »Es ist jedermann geboten, mäßig, nüchtern und züchtig zu leben; nicht (nur) einen Tag oder ein Jahr, sondern täglich und immerdar«.[20] Und könnte nicht auch die calvinistische These, das Brot und der Wein der Eucharistie seien bloße *Zeichen* für Christi Leib (während die Katholiken an eine Transsubstantiation, eine Verwandlung der eucharistischen Speisen in den Leib Gottes glauben), bewirkt haben, dass die Protestanten zunehmend lernten, das leibliche Wohl geringzuschätzen?

Der Reichtum der katholischen Küche dagegen gehe gerade auf die erfinderischen Fastengerichte zurück, mit denen man entweder das verbotene Fleisch zu ersetzen oder aber das Verbot ingeniös zu umgehen suchte.[21] Ein charmanter Beleg für solchen Einfallsreichtum findet sich in einem schwäbischen Namen für Maultaschen. »Herrgottsbescheißerle« heißen in Schwaben die mit Fleisch gefüllten Taschen – weil sie geschickt verstecken, was zur Fastenzeit offiziell eben nicht erlaubt ist. So gesehen wird die der süddeutschen Küche zugeschriebene höhere Kreativität letztlich auf eine »Not« zurückgeführt: Entweder die Not, das immergleiche Grundnahrungsmittel Mehl zu variieren, oder den Zwang, Fleisch zu ersetzen oder aber zu kaschieren. Die Idee der Kreativität aus der Not ließe sich sehr gut auch auf die erstaunliche Vielfalt an Pasta-Formen in Italien anwenden.

So bestechend aber die Opposition von kulinarischem Katholizismus und Protestantismus auch sein mag: Man muss mit ihr vorsichtig umgehen. Auf die Vorbehalte Stephen Mennells gegenüber der These puritanischer Genussfeindlichkeit in England wurde bereits hingewiesen. Eine Religion kann nicht als alleinige Erklärung für Entwicklungen herangezogen werden, hinter denen komplexe sozialgeschichtliche Prozesse stehen. Doch mag sie nun protestantische Wurzeln haben oder nicht – die Vorliebe für eine deftige und die Kritik an überfeinerter Küche stellt tatsächlich ein kontinuierliches Moment deutscher Kultur dar. So wettert Johann Michael Moscherosch in seinen Satiren von 1640: »Thut es ein Stuck Rindfleisch, Speck und Saur-Kräut nicht mehr? Muss es alle mit Feldhünern, Wachteln, Krammetvögeln, Austern, Schnepffen, Schnecken und Trekken verpfeffert sein?«[22]

Eine ähnliche Meinung findet sich auch bei dem aus protestantischer Familie stammenden, später jedoch zum Katholizismus übergetretenen Barockautor Grimmelshausen. Sein *Simplicissimus* (1668) reiht sich ein in die Tradition der Schelmenromane, die soziale Missstände ihrer Gegenwart kritisieren. Und schlechte Erfahrungen mit der Gesellschaft macht der unbedarfte Romanheld Simplicius, der sich durch ein vom Dreißigjährigen Krieg gebeuteltes Deutschland schlägt, zuhauf. Während ihm die überfeinerte und überwürzte höfische Kost, mit der er kurzzeitig in Berührung kommt, mangels Gewohnheit schreckliche Blähungen verursacht, schwärmt er von dem »Epicurisch Leben«, das er als Soldat führt, von den knoblauchgespickten »Hamelskolben«, den Knackwürsten und dem »Westphalischen« Schinken.[23] Dann wieder leidet er Hunger und muss sich mit der schwarzen Brühe zufriedengeben, die seine »Kostfrau« mit Pfeffer »uebertueffelt« hat.[24] Doch die gottgefälligste Kost ist jene, die er während seines Aufenthalts bei einem frommen Eremiten (wie sich später herausstellen wird, sein echter Vater, ein kriegsmüder Adliger) zu sich nimmt:

> Unser Speiß war allerhand Gartengewaechs / Rueben / Kraut / Bohnen / Erbsen und dergleichen / wir verschmaeheten auch keine Buchen / wilde Aepffel / Pirn / Kirschen / ja Brot / oder besser zu sagen / unsere Kuchen backten wir in heisser Aschen / auß zerstossenem Welschen Korn / im Winter fiengen wir Voegel mit Sprincken und Stricken / im Fruehling und Sommer aber bescherte uns Gott Junge aus den Nestern / wir behalffen uns oft mit Schnecken und Froeschen [...] Saltz brauchten wir wenig / und von Gewuertz gar nichts [...].[25]

Entsprechend geht Simplicius' Kritik an der »verpfefferten«, »überdummelten«, »vermummeten«, »mixtierten« Speise der Reichen, den »französischen *Potagen* und Spanischen *Olla Potriden*« mit einer unmissverständlichen Zivilisationskritik einher: Diejenigen, für die besagte »überdummelte« Kost bestimmt ist, fressen wie die Säue, saufen wie die Kühe und kotzen anschließend »wie die Gerberhunde«.[26] Die echten Tiere aber sind schlauer, denn »Ein Loew oder Wolf, wenn er zu fett werden will / so fastet er / bis er wieder mager / frisch und gesund wird«.[27]

Grimmelshausen übt Kritik an den Menschen, die sich trotz all des höfischen Anstrichs, den sie sich geben wollen, tierischer benehmen als die Tiere. Sein Roman ist von einer radikalen Gesellschaftskritik durchzogen, die das menschliche Zusammenleben als permanente Quelle von Leid und Sünde ansieht und ein gutes Leben nur in konsequentem Einsiedlertum für möglich hält: Nicht umsonst beschließt Simplicius sein Leben auf einer einsamen Südsee-Insel. All dies – der Vorzug der Natur vor der Zivilisation, der natürliche Instinkt, der das Essverhalten der Tiere reguliert, die Kritik an Luxus und Überfeinerung des Essens – sind Motive, die sich hundert Jahre später bei Rousseau wiederfinden.

Dass im zeitgenössischen Frankreich ein ganz anderer Ton herrschte, zeigt der – ebenfalls der Gattung des Schelmenromans verpflichtete – Abenteuerroman *Histoire comique de Francion* (1623) von Charles Sorel. Zwar mangelt es auch hier nicht an grobianischen Szenen und an gesellschaftskritischen Aspekten. Im Gegensatz zu Grimmelshausens Romanheld vertritt der adlige Protagonist Francion jedoch eine libertine Moral, die gegen alle religiösen Entsagungsgebote den irdischen Genuss (kulinarisch und sexuell) stellt. Dieses hedonistische Lebensideal versteht sich zudem als ein dezidiert aristokratisches: So wie Francion und seine Freunde beanspruchen, sich beim Liebemachen von den Bauern abzuheben, tun sie es auch beim Speisen. Freilich muss man bei solchen Gegenüberstellungen berücksichtigen, dass sie niemals das gesellschaftliche Ganze erfassen können. Es gilt auch zu beachten, dass das Gesellschaftsideal von Sorels Roman noch nicht von den Erschütterungen des Dreißigjährigen Kriegs beeinträchtigt ist und dass es natürlich auch in Frankreich genussfeindliche Positionen gab. Sie gaben jedoch nicht den Ton an – sonst hätte sich später Rousseau in seiner gesellschaftskritischen Umwertung aller Werte nicht so vehement gegen die Schlemmerei als typisches Merkmal der französischen Aristokratie wenden können.

Und wie steht es mit dem 19. Jahrhundert, in dem die Gastronomie in Frankreich das Jahrhundert des bürgerlichen Gastromythos einläutete? Gastrosophen wie Eugen von Vaerst oder Gustav Blumröder (alias Antonio Anthus) eiferten auch hierzulande ihren französischen Vorbildern nach (allein Rumohr wollte das französische Vorbild nicht anerkennen und zog stattdessen Italien vor). Dennoch ging der Trend im deutschen Sprachraum eher in Richtung Makrobiotik: Ärzte wie Christoph Hufeland und später Maximilian Bircher-Benner hielten sich an Rousseau, nicht an Brillat-Savarin. Tatsächlich wurde Hufelands *Kunst, das menschliche Leben zu verlängern* zum Vorläufer der Makrobiotik und der um 1900 entstehenden Lebensreformbewegung.[28] Gleichzeitig bildete sich auch die vegetarische Bewegung heraus: Gustav Struve, einer der wichtigsten Pioniere des Vegetarismus in Deutschland, erlebte 1832 seine »Bekehrung« durch die Lektüre Rousseaus und schrieb den ersten deutschen Vegetarier-Roman, *Mandaras Wanderungen*. 1869 veröffentlichte Struve *Pflanzenkost – die Grundlage einer neuen Weltanschauung*, ein Jahr später entstand der *Deutsche Vegetarierbund*.[29]

Es ist bezeichnend, dass sich Karl Friedrich von Rumohr nicht traute, seinen *Geist der Kochkunst* unter dem eigenen Namen zu veröffentlichen, und dass die Erstauflage von Vaersts Buch von 1851 »noch 1918 nicht verkauft« war.[30] In Deutschland galt die Kochkunst nach wie vor nicht als ernsthaftes Thema. Daran änderten auch Feuerbachs und Nietzsches antiidealistische Provokationen nichts. Gewiss wertet Nietzsche die Ernährungsfrage philosophisch auf, indem er die alte humoralpathologische Vorstellung reaktiviert, der zufolge die Prozesse, die sich in Magen, Seele und Geist abspielen, miteinander zusammenhängen und aufeinander einwirken:

> Kennt man die moralischen Wirkungen der Lebensmittel? Giebt es eine Philosophie der Ernährung? (Der immer wieder losbrechende Lärm für und wider den Vegetarianismus beweist schon, dass es noch keine solche Philosophie giebt!).[31]

Letztlich argumentiert Nietzsche aber anhand von metapherngeleiteten Kurzschlüssen und arbeitet mit alten Essentialismen, wenn er etwa in *Ecce homo* die »Schwere« des deutschen Geistes auf eine schwere Verdauung zurückführt und in *Jenseits von Gut und Böse* diese Geistestätigkeit mit einer schleppenden Darmtätigkeit analogisiert:

> Die Suppe *vor* der Mahlzeit [...] die ausgekochten Fleische, die fett und mehlig gemachten Gemüse [...] Der deutsche Geist ist eine Indigestion, er wird mit Nichts fertig.[32]

> Will man die »deutsche Seele« ad oculos demonstrirt, so sehe man nur in den deutschen Geschmack, in deutsche Künste und Sitten hinein: welche bäurische Gleichgültigkeit gegen »Geschmack«! [...] Der Deutsche *schleppt* an seiner Seele; er schleppt an Allem, was er erlebt. Er verdaut seine Ereignisse schlecht, er wird nie damit »fertig«; die deutsche Tiefe ist oft nur eine schwere zögernde »Verdauung«.[33]

Dass Nietzsche, der bekanntlich selbst nicht von seiner Vorliebe für Wurst und Schinken lassen konnte, den deutschen Köchinnen die Schuld an diesem Übel gibt, ist gewiss bezeichnend für seine Misogynie:

> Durch schlechte Köchinnen – durch den vollkommenen Mangel an Vernunft in der Küche ist die Entwicklung des Menschen am längsten aufgehalten, am schlimmsten beeinträchtigt worden.[34]

Möglicherweise trifft Nietzsches Kritik jedoch einen Punkt, der weniger mit dem Geschlecht der Köchinnen als mit einem Manko in der deutschen Kochbuch-Landschaft zu tun hat.

Das Imageproblem der deutschen Küche könnte nämlich auch der Tatsache geschuldet sein, dass der Kochbuchmarkt – jedenfalls bis in das 20. Jahrhundert hinein – eine eher weibliche, von bürgerlichen Hausfrauen-Kochbüchern geprägte Domäne war. Die *haute cuisine* in Frankreich war dagegen ein eindeutiges Männerprivileg (während den Frauen das häusliche Kochen zugewiesen wurde) und konnte auch deshalb ein entsprechendes Prestige entfalten.

Zudem waren, wie Peter feststellt, gerade »die frühen Frauenkochbücher [...] zugleich mit einer erbittert geführten Debatte über das Rollenverhalten der Frau verbunden. Leider wird fast immer polemisiert – trotz des Vorbilds von Betty Gleim [eine Pionierin der Frauenbildung, die 1836 das Kochbuch *Die sich selbst belehrende Köchin* publizierte] scheint sich kaum einer die geistreich gutkochende Frau vorstellen zu können«.[35] Hier scheint sich eine Parallele zu England anzudeuten, wo man gleichfalls lange Zeit dazu neigte, das Kochen – den Beobachtungen Mennells zufolge – nicht als Lust, sondern als Last für die Hausfrau anzusehen.[36] Obwohl beide Autoren plausible Belege für diese Thesen bringen, wäre vielleicht noch genauer zu fragen, unter welchen sozialen und ökonomischen Bedingungen das Kochen als Last oder Lust erscheinen kann (verfügt die Hausfrau über Hausangestellte? Kauft sie beim Metzger, oder schlachtet sie das Sonntagshühnchen selbst?).

Eine gewisse Parallele zu England zeigt sich übrigens auch darin, dass sich Deutschland im 19. Jahrhundert zum großen Zuckerproduzenten entwickelt – nicht Zucker aus Rohrzuckerplantagen allerdings, sondern aus der Rübe: »1865 sotten im Gebiet des deutschen Zollvereins 265 Zuckerfabriken vier Millionen Zentner Rübenzucker. Ganze Landstriche stellten von Getreide auf Rüben um«.[37] Ob dieser große Zuckervorrat die deutsche Lust auf Süßkram verschuldet hat, ähnlich wie der englische *sweet tooth* mit den englischen Zuckerrohr-Plantagen zusammenhängt?[38]

Dass sich der Kult der Gastronomie in Deutschland kaum durchgesetzt hat, mag wohl auch daran liegen, dass das arrivierte französische Bürgertum im feinen Speisen ein Instrument zur Behauptung des eigenen Machtanspruchs erkannt hatte, während das Bürgertum in Deutschland über weit weniger politischen Einfluss verfügte. Der deutsche Adel aber pflegte nicht das Schlemmen, sondern eher militärische Askese als Distinktionsmerkmal.[39] Ganz anders in Frankreich, wie nicht zuletzt Marcel Proust in seinem großen literarischen Porträt der *Belle Époque* vorführt. Die Aristokraten aus dem Kreis um die Herzogin von Guermantes plaudern hier ganz unbefangen über Kochrezepte.[40] Dagegen macht sich die neureiche Madame Verdurin lächerlich, indem sie behauptet, sie ziehe den Genuss gemalter Trauben bei weitem dem der echten Früchte vor.

Doch obwohl Deutschland die Kochkunst niemals zur deutschen Leitkultur gemacht hat, entwickelt es um 1900 seine eigene Form des kulinarischen Nationalismus. Während Frankreich seinen gastronomischen Blut- und Boden-Mythos pflegt, setzt Kaiser Wilhelm der II. – obgleich ein Fan des Starkochs Auguste Escoffier – um 1905 einen Speisekartenerlass durch: Außer bei diplomatischen Empfängen müssen alle Gerichte jetzt auf Deutsch dastehen. Und so gibt es nun statt Mayonnaise und Kompott »Öltunke« und »Dunstobst«.[41] Später propagiert das Nazi-Deutschland autarkes Essen und tritt im Zuge dieser Kampagne für das »gesündere« und aus heimischem Roggen erzeugte Vollkornbrot ein. 1939 wurde sogar ein eigener Reichsvollkornausschuss gegründet.[42] Noch wichtiger ist, in den mit den Weltkriegen einhergehenden Zeiten der Lebensmittelrationierung, die Sparsamkeit, die zu einer ganz eigenen Art der Kreativität zwingt. Das *Deutsche Spar-*

kochbuch (München 1917) verklärt die »Kriegssparsamkeit« zur »naturgemäßen Lebensweise« – und die sparsame Hausfrau zur »Dichterin und Denkerin am Kochtopf«:

> Die jetzt geforderte Kriegssparsamkeit ist nichts anderes, als die Erziehung zur naturgemäßen Lebensweise, zur Genügsamkeit […] [es] werden die Frauen aller Stände gezwungen sein, die Fleischrationen zu verringern und unter reichlichem Gebrauch von Gemüse und Kartoffeln die Mahlzeiten ausgiebig zu gestalten; ja die Hausfrau, die unsere Zeit erfasst hat, wird zur Dichterin und Denkerin – am Kochtopf.[43]

Peter zufolge hat dieser Sparzwang das unterbewusste Essverhalten der meisten Deutschen bis heute geprägt, indem die Gewöhnung an Imitat und Ersatz den Gaumen verdarb:

> Manche Lebensmittelverfälschung oder Imitation wurde aus Mangel im Krieg erdacht. Als Provisorium ersonnene Rezeptideen wie Schokolade aus gerösteten Rüben haben weite Kreise Deutschlands so vom feinen Aroma des Originals entfernt, dass gerade unsere Nation besonders willig und kritiklos der Vergröberung der einheimischen Küche durch die Lebensmittelindustrie und ein standardisiertes Supermarktangebot erlegen ist.[44]

Und die mit dem wirtschaftlichen Aufschwung nach dem Zweiten Weltkrieg einsetzende Fresswelle?[45] Kritische Betrachter sehen in ihr eher das Gegenteil eines Fortschritts in kulinarischen Dingen. Die durch den Hunger traumatisierte Nation sehnte sich nämlich nicht nach verfeinertem, sondern nach reichlichem, deftigem Essen – wie Wolfram Siebeck in unnachahmlicher Schärfe schildert:

> Und sie erinnerten sich wehmütig an die kulinarischen Freuden, die sie früher genossen hatten. Die echte Buttercremetorte, das geräucherte Schweinekotelett, der Sauerbraten, das Ragout fin, der Gänsebraten zu Weihnachten, ein Krebsessen bei den Verwandten in Ostpreußen, der Dillaal aus dem Maschsee, Reibeplätzchen mit Apfelkraut, die Pfanne voll Speckkartoffeln – die Sehnsüchte der Hungrigen kreisten um lang entbehrte Dinge, deren herausragende Qualität ihre sättigende Deftigkeit war. Hausmannskost wurde das genannt, und es galt als deutsche Tugend, sie ohne Tränen zu ertragen.[46]

Ähnlich bezichtigt Ullrich Fichtner die Esskultur der Wirtschaftswunderzeiten als angeberisches Schau-Essen, für das Party- und Modegerichte eine wichtige Rolle spielten. Verewigt hat einige dieser Speisen (Mosaikbrot, Fliegenpilzeier, Toast Hawaii) Johannes Mario Simmel in seinem Bestseller *Es muß nicht immer Kaviar sein* (1960). Doch obwohl er mit seinen »tolldreisten Abenteuern und auserlesenen Kochrezepten des Geheimagenten wider Willen Thomas Lieven« (so der Untertitel) alle Register des herkömmlichen Fortsetzungs- und Abenteuerromans zog, weist seine leichtsinnige Art der kulinarischen Vergangenheitsbewältigung einige interessante Aspekte auf. Sein Protagonist, der weltgewandte und pazifistisch gesinnte Deutsche Thomas Lieven, wird mitten im Zweiten Weltkrieg von verschiedenen Geheimdiensten zu Spionageaktivitäten gezwungen. Zwar besitzt Lieven weitgehend die typischen, »männlich« konnotierten Charakteristika eines Actionhelds. Eher ungewöhnlich erscheint jedoch, dass er sowohl beinharte Nazis als auch schöne Frauen mit seinen unwiderstehlichen Kochkünsten umgarnt. In Zeiten von Kochbüchern wie Lilo Auredens *Was Männern so gut schmeckt* (1954) oder Sophia Lorens *In cucina con amore* (1971) ist es eigentlich die selbstverständliche Aufgabe der Frau, den Geliebten kulinarisch zu erobern. Simmels kochender Macho ist sicherlich ein Einzelfall inmitten der 60er Jahre-Rebellen, deren Abwendung von der Hausmannsküche der Nazi-Eltern meist mit einer Abwendung vom Kochen überhaupt einhergeht.

Doch auch hier gab es Ausnahmen. Eine davon war das Kollektivkochbuch von Peter Fischer, *Schlaraffenland, nimm's in die Hand* (1975). Fischer definierte das Kochen hier ganz richtig als »Teil einer Lebens-Technik«, um »sich dem täglichen Elend zu widersetzen und der Zerstörung des Lebens [durch den Kapitalismus] ein Ende zu bereiten«.[47] Der Geist dieses Kochbuchs war freilich nicht deutsch, sondern international. Ihr kulinarisches Paradies fand die Linke im Ausland, insbesondere in der Toskana. Politisch unverdächtig erschien den Linken – wenn es schon etwas Deutsches sein musste – allenfalls die proletarische Currywurst, zu der sich nicht umsonst auch der frühere Bundeskanzler Gerhard Schröder lautstark bekannte. Sie ist ja auch erst eine Nachkriegserfindung – in Uwe Timms erstaunlicher Novelle *Die Entdeckung der Currywurst* (1993) wird sie gar zur gleichnishaften Speise aller verlassenen Frauen und unscheinbaren Heldinnen des Kriegs- und Nachkriegsalltags, und man schmeckt auch beim Lesen »Trümmer und Neubeginn, süßlichscharfe Anarchie«.[48]

Neben kulinarischer Entnazifizierung, wie sie Simmels Thomas Lieven betreibt, linker Rebellion und den – in den Worten Wolfram Siebecks – unverbesserlichen Kleinbürgern, die »in ihren Wohnküchen den Pellkartoffelmythos förderten«[49], gab es dann auch noch »normale Genießer«, diese allerdings, immer Siebeck zufolge, lediglich als winzige Minderheit. Und doch begann diese Minderheit, spätestens seit der Eröffnung des Münchner Feinschmeckerlokals Tantris im Jahr 1971 (zugleich machte in München aber die erste McDonald's Filiale auf), einen neuen Trend zu initiieren, der bis heute andauert: den des kulinarischen Hedonismus. Wolfram Siebeck selbst spielte dabei Martin Reuter zufolge die Rolle eines populistischen Idealisten: Er vertrat die Ansicht, dass man den Menschen auf Dauer nicht den Anspruch auf kulinarische Verfeinerung verweigern könne, forderte also gleichsam Kaviar, Trüffel und Morcheln für alle. Dabei war er überzeugt, dass es den Konsumenten auf Dauer gelingen würde, durch höhere Ansprüche bessere Qualitäten zu erzwingen.[50]

In jüngerer Zeit war Siebeck weit skeptischer geworden. Die gegenwärtig konstatierbare »Massenbewegung der kochenden Deutschen« führte, wie er meinte, nicht zu einer Verbesserung der Lebensqualität, »sondern verdankt sich dem Phänomen, daß Kochen ein Statussymbol der Mittelschicht geworden ist«.[51] Auch Peter Peter geht mit den Moden der aktuellen Gastrowelle eher hart ins Gericht. Skeptisch zeigt er sich etwa gegenüber dem Trend zum kulinarisch »Regionalen«. Dieser sei zumindest nicht vergleichbar mit der italienischen *Slow Food*-Bewegung und ihrem Führer *Osterie d'Italia*, gebe es doch in Deutschland keinen Restaurantführer, der den letzten bodenständigen Gaststätten eine Chance gibt, »ohne die Eigenwerbung aufgemotzter Folkloreküche nachzubeten«.[52] »Die Selbstverständlichkeit soliden deutschen Essens ist den meisten abhandengekommen«, meint Peter[53] – das Problem mit der Regionalküche sei auch, dass es an echten Kochbüchern für sie fehle und gefehlt habe. Bereits im 19. Jahrhundert habe sich keine der Kochbuchautorinnen die Mühe gemacht, das besondere Profil einer Regionalküche herauszuarbeiten.[54] Deshalb sei die Nostalgie für das Regionale auch erst in den Zeiten von Tiefkühlpizza und Tütencappuccino aufgekommen.[55]

Dem heutigen Kult der Deutschen um das Essen wohne etwas Übertriebenes inne, meint auch Ullrich Fichtner. Selbst wenn wir dem gastronomischen Genuss huldigen, tun wir es offenbar nicht auf die richtige Weise:

> Es gibt zwischen den deutschen Festen und denen unserer Nachbarn grob gesprochen einen entscheidenden Unterschied, der sich mit vielen Beispielen belegen ließe: Die Spanier feiern von jeher den Schinken, nicht den Metzger, die Franzosen feiern den Käse, nicht den Käser, die Italiener den Wein und nicht den Winzer. Wir Deutschen halten es in der Regel umgekehrt, uns gilt der zünftige Meister in Lederschürze mehr als sein Produkt, wir suchen nach Sozialprestige und nicht nach kulinarischem Genuß [...].[56]

Als schlagendes Beispiel dieser Unkultur sieht Fichtner die Volksfeste, auf denen das »esskulturelle Proletentum« auch noch gefeiert werde:

> An der Bratwurstbude herrscht die sozial klassenlose Gesellschaft, einträchtig schlingen Kinderärzte und Werkzeugdreher, Arbeitslose und Banker Rostbratwurst und Kutscherpfanne in sich hinein. Zu beobachten ist nicht ein sozial definiertes, sondern ein esskulturelles Proletentum, das die eigentliche deutsche Leitkultur geworden ist und seinen Repräsentanten paradoxerweise höchste Prestigewerte beschert. Sympathiepunkte sammelt stets, wer, wie Bundeskanzler Gerhard Schröder, seine Liebe zur Currywurst bekennt, wer, wie Bundeskanzler Helmut Kohl, den Saumagen allen feineren Genüssen vorzieht. Geschmackliche Verfeinerung dagegen [...] gilt in Deutschland immer als verdächtig, verkünstelt, snobistisch, suspekt.[57]

Haben wir also immer noch nichts von unseren romanischen Nachbarn gelernt? Wie sieht es dann aber mit der These der

»Italianisierung« der deutschen Kultur aus – ein Phänomen, das angeblich ein einzigartiger Effekt der italienischen (und nicht etwa auch der chinesischen, türkischen, thailändischen) Gastronomie in Deutschland gewesen sei? Dittmar Dahlmann ist da skeptisch: »Gewiss ist inzwischen die italienische Küche in Deutschland eingebürgert, ein Teil des Lebens spielt sich auf der Straße ab, aber von einer ›Italianisierung‹ wird doch wohl kaum gesprochen werden können, wenn man eine Tiefkühlpizza in den Ofen schiebt oder bestimmte Nudelsorten kauft«.[58] Auch Ullrich Fichtner gibt zu bedenken, dass der »Megatrend Italien« vielleicht eher mit vielen Millionen für Werbespots ins Werk gesetzt als von Konsumenten erzwungen wurde.[59] Dass jenes »fremde Essen«, das sich in der Nachkriegszeit durch Migranten aus aller Welt in Westdeutschland etablierte, das Essverhalten der Deutschen in jedem Fall verändert hat, hat die Historikerin Maren Möhring in ihrem Buch *Fremdes Essen: Die Geschichte der ausländischen Gastronomie in der Bundesrepublik Deutschland* (2012) gezeigt. Auch wenn die Geschichte der Akzeptanz dieser kulinarischen Neuheiten nicht immer konfliktfrei verlief, hat sie entscheidend zur gegenwärtigen kulinarischen Aufgeschlossenheit der Deutschen beigetragen.

Wie man sieht, gestehen die Experten Deutschland – selbst dann, wenn sie einräumen, dass es in jüngster Zeit durchaus eine Besinnung auf kulinarischen Genuss, Qualität und Regionalität gebe, nur sehr widerwillig eine Besserung zu. Ein gewisses »kokettes Grausen« ist, wie Martin Reuter treffend bemerkt hat, bei dieser »kategorischen Distanzierung« durchaus mit im Spiel.[60] Im Gegensatz zu der gut voranschreitenden Aufarbeitung der historischen Kollektivschuld scheint die kulinarische Kollektivschuld noch immer schwer auf unseren Mägen und unserem Gewissen zu lasten.[61]

Der Einzige, der in puncto Küche einen ungeteilten Optimismus an den Tag legt, ist der Philosoph und passionierte Hobbykoch Carsten Otte. In seinem jüngst erschienenen Buch *Der gastrosexuelle Mann. Kochen als Leidenschaft* (2014) vertritt er die Theorie eines neuen männlichen Subjektentwurfs, der in der Gesellschaft immer mehr Zustimmung finde und gar das Potential habe, eine gesellschaftliche Revolution einzuläuten. Früher nämlich verbrachten die Männer ihre freie Zeit mit Briefmarkensammlungen oder Modelleisenbahnen – Hobbys, von denen der Rest der Familie nichts hatte. Ganz anders, wenn heute immer mehr »gastrosexuelle« Männer das Kochen zur Leidenschaft machen:

> Wenn Männer die Küche erobern, können sie der Familie und den Freunden etwas schenken, was mit Geld nicht zu bezahlen ist. Wenn der Mann gut kocht, macht er Frau, Kinder, Freunde und schließlich sich selbst glücklich. Am Herd wird der Mann wieder zu einem gesellschaftlichen Wesen.[62]

Um seine These zu belegen, besucht Otte den Physikprofessor und Molekularküche-Spezialisten Thomas Vilgis, er nimmt an einem Seminar zum Selberwursten auf dem Biohof Wulksfelde bei Hamburg teil, er interviewt den Chefredakteur der Zeitschrift *Beef* und besucht die *Confrérie Culinaire Internationale de la Marmite* in Bremen. All diese Erfahrungen haben eines gemeinsam: Sie spielen sich in *Deutschland* ab. Hier, meint Otte selbstbewusst, gebe es nämlich mittlerweile längst eine »ordentliche Hobbykochbewegung«, durch die wir sogar dem Stammland der *haute cuisine* etwas voraushätten. Dass in der Heimat Paul Bocuses das *Fast Food* »rasant« überhandnehme, liege eben daran, dass besagte »Hobbykochbewegung« dort fehle, und das hänge wiederum »mit einem erschreckend konservativen Männerbild und generell sehr starren Gesellschaftsstrukturen zusammen«.[63] Dazu komme dann noch die Hochbetriebsamkeit der Pariser Sternelokale, deren Hektik entspannte Genusserlebnisse zunichtemache.[64] Nicht dank Tim Mälzer oder Jürgen Dollase, nicht durch *Das perfekte Dinner* oder den Regionaltrend sieht Otte die Emanzipation der deutschen Küche aus ihrer Aschenbrödelrolle herannahen, sondern durch die immer größere Schar der gastrosexuellen Männer.

Anmerkungen

1 Helena Janeczek, »Cibo«, Mondadori, Milano 2002, S. 53 (nach einer Übersetzung von Christine Ott).
2 Hatice Akyün, »Einmal Hans mit scharfer Soß«, Goldmann, München 2005, S. 26.
3 Asli Sevindim, »Candlelight Döner. Geschichten über meine deutsch-türkische Familie«, Ullstein, Berlin 2005, S. 8 f.
4 Angela Troni, »Risotto mit Otto«, Ullstein Taschenbuch Verlage, Berlin 2011, S. 211 f.
5 Ebd., S. 116.
6 Wolfram Siebeck, »Einigkeit und Recht auf Eintopf. Graupen, Gänse, Klöße – die Plumpsküche ist nicht totzukriegen, allem Hedonismus zum Trotz. Eine kleine Kulturgeschichte von Wolfram Siebeck«. In: *Die Zeit* 1, 2001 und Wolfram Siebeck, »Wolfram Siebeck über: Deutsche«, Interview vom 17.5.2010 in der *Süddeutschen Zeitung*.
7 Daniele Dell'Agli, »Essen als ob nicht: Gastrosophische Modelle«, Suhrkamp, Berlin 2009, S. 103.
8 Ebd., S. 102.
9 Ebd., S. 109.
10 Ebd., S. 136.
11 Ebd., S. 139.
12 Ebd., S. 148.
13 Wolfram Siebeck, »Wolfram Siebeck über: Deutsche«, Interview vom 17.5.2010 in der *Süddeutschen Zeitung*.

14 Marin Trenk, »Döner Hawaii: Unser globalisiertes Essen«, Klett-Cotta, Stuttgart 2015, S. 199–202.
15 Peter Peter, »Kulturgeschichte der deutschen Küche«, Beck, München 2008, S. 40.
16 Ebd., S. 46.
17 Eva Barlösius, »Soziologie des Essens. Eine sozial- und kulturwissenschaftliche Einführung in die Ernährungsforschung«. 2., vollst. überarbeitete und erweiterte Auflage, Juventa, Weinheim 2011, S. 431.
18 Michel de Montaigne, »Tagebuch einer Reise durch Italien, die Schweiz und Deutschland in den Jahren 1580 und 1581, hg. und aus dem Französischen übertragen von Otto Flake, Insel Verlag, Frankfurt am Main 1988, S. 49.
19 Eva Barlösius, »Soziologie des Essens. Eine sozial- und kulturwissenschaftliche Einführung in die Ernährungsforschung«. 2., vollst. überarbeitete und erweiterte Auflage, Juventa, Weinheim 2011, S. 432 f.
20 Peter Peter, »Kulturgeschichte der deutschen Küche«, Beck, München 2008, S. 70.
21 Ebd., S. 70.
22 Ebd., S. 81.
23 Hans Jakob Christoffel von Grimmelshausen, »Simplicissimus Teutsch«, hg. von Dieter Breuer, Deutscher Klassiker Verlag, Frankfurt am Main 2013, S. 222.
24 Ebd., S. 341.
25 Ebd., S. 45.
26 Ebd., S. 105.
27 Ebd., S. 160.
28 Ursula Heinzelmann, »Was is(s)t Deutschland«, Tre Torri Verlag, Wiesbaden 2016, S. 194.
29 Ebd., S. 253.
30 Eva Barlösius, »Soziologie des Essens. Eine sozial- und kulturwissenschaftliche Einführung in die Ernährungsforschung«. 2., vollst. überarbeitete und erweiterte Auflage, Juventa, Weinheim 2011, S. 437.
31 Friedrich Nietzsche, »Die fröhliche Wissenschaft« (1999, III), »Jenseits von Gut und Böse«, »Zur Genealogie der Moral« (1999, V), »Ecce homo« (1999, VI). In: Friedrich Nietzsche, »Kritische Studienausgabe«, hg. von Giorgio Colli und Mazzino Montinari, DTV, München 1999, Bd. III, S. 379.
32 Ebd., Bd. VI, S. 279 f.
33 Ebd., Bd. V, S. 186.

34 Ebd., Bd. V, S. 186.
35 Peter Peter, »Kulturgeschichte der deutschen Küche«, Beck, München 2008, S. 129.
36 Stephen Mennell, »Die Kultivierung des Appetits. Die Geschichte des Essens vom Mittelalter bis heute«, Athenäum, Frankfurt am Main 1988, S. 312.
37 Peter Peter, »Kulturgeschichte der deutschen Küche«, Beck, München 2008, S. 157.
38 Sidney W. Mintz, (»Die süße Macht. Kulturgeschichte des Zuckers« [»Sweetness and Power. The Place of Sugar in Modern History«, 1985]. Aus dem Englischen von Hanne Herkommer, Campus Verlag, Frankfurt am Main [u. a.] 2007.
39 Peter Peter, »Kulturgeschichte der deutschen Küche«, Beck, München 2008, S. 247.
40 Marcel Proust, »Auf der Suche nach der verlorenen Zeit«, Bde. I-III. Deutsch von Eva Rechel-Mertens, Suhrkamp, Frankfurt am Main 2000, Bd. II, S. 791.
41 Peter Peter, »Kulturgeschichte der deutschen Küche«, Beck, München 2008, S. 146.
42 Ursula Heinzelmann, »Was is(s)t Deutschland«, Tre Torri Verlag, Wiesbaden 2016, S. 279.
43 Zitiert nach: Peter Peter, »Kulturgeschichte der deutschen Küche«, Beck, München 2008, S. 132.
44 Peter Peter, »Kulturgeschichte der deutschen Küche«, Beck, München 2008, S. 174.
45 Heinzelmann zufolge bedeutet die Charakterisierung der 50er Jahre als Fresswelle eine Vereinfachung. Fleisch sei für die meisten Westdeutschen damals nach wie vor etwas »Besonderes und beileibe nicht jeden Tag erschwinglich« gewesen, ebenso echter Kaffee; Sparsamkeit habe man nach wie vor als unerlässliche Pflicht der Hausfrau betrachtet.
46 Wolfram Siebeck, »Einigkeit und Recht auf Eintopf. Graupen, Gänse, Klöße – die Plumpsküche ist nicht totzukriegen, allem Hedonismus zum Trotz. Eine kleine Kulturgeschichte von Wolfram Siebeck«. In: *Die Zeit* 1, 2001.
47 Martin Reuter, »Eingeklemmt zwischen Auster und Currywurst; letzter Versuch über das deutsche Essen«. In: Daniele Dell'Agli (Hg.), »Essen als ob nicht. Gastrosophische Modelle«, Suhrkamp, Frankfurt am Main 2009, S. 153–200, hier S. 173.

48 Uwe Timm, »Die Entdeckung der Currywurst« [1993]. Novelle. Vom Autor neu durchgesehene Ausgabe, DTV, München 2002, S. 183.
49 Wolfram Siebeck, »Einigkeit und Recht auf Eintopf. Graupen, Gänse, Klöße – die Plumpsküche ist nicht totzukriegen, allem Hedonismus zum Trotz. Eine kleine Kulturgeschichte von Wolfram Siebeck«. In: *Die Zeit* 1, 2001.
50 Martin Reuter, »Eingeklemmt zwischen Auster und Currywurst; letzter Versuch über das deutsche Essen«. In: Daniele Dell'Agli (Hg.), »Essen als ob nicht. Gastrosophische Modelle«, Suhrkamp, Frankfurt am Main 2009, S. 153–200. Hier: S. 177 f.
51 Wolfram Siebeck, zitiert nach: Martin Reuter, »Eingeklemmt zwischen Auster und Currywurst; letzter Versuch über das deutsche Essen«. In: Daniele Dell'Agli (Hg.), »Essen als ob nicht. Gastrosophische Modelle«, Suhrkamp, Frankfurt am Main 2009, S. 153–200, hier S. 180.
52 Peter Peter, »Kulturgeschichte der deutschen Küche«, Beck, München 2008, S. 198.
53 Ebd., S. 198.
54 Ebd., S. 198.
55 Ebd., S. 199.
56 Ullrich Fichtner, »Tellergericht. Die Deutschen und das Essen«, DVA, München 2004, S. 172.
57 Ebd., S. 177.
58 Dittmar Dahlmann, »Wie die Pizza nach Deutschland kam«. In: Matthias Beer (Hg.), »Über den Tellerrand geschaut. Migration und Ernährung in historischer Perspektive (18. bis 20. Jahrhundert)«, Klartext, Essen 2014. S. 187–204, hier S. 203.
59 Ullrich Fichtner, »Tellergericht. Die Deutschen und das Essen«, DVA, München 2004, S. 99.
60 Martin Reuter, »Eingeklemmt zwischen Auster und Currywurst; letzter Versuch über das deutsche Essen«. In: Daniele Dell'Agli (Hg.), »Essen als ob nicht. Gastrosophische Modelle«, Suhrkamp, Frankfurt am Main 2009, S. 153–200, hier S. 154 f.
61 Ebd., S. 153–200, hier S. 253.
62 Carsten Otte, »Der gastrosexuelle Mann. Kochen als Leidenschaft«, Campus Verlag, Frankfurt am Main 2014, S. 244.
63 Ebd., S. 203.
64 Ebd., S. 203.

KARL-HEINZ GÖTTERT
»Die hebräische Bibel«

Einheitsfragen

Jede Übersetzung geht von einer Vorlage aus, von einem Original. Die hebräische Bibel bietet in diesem Punkt ungewöhnliche Schwierigkeiten. Bei Büchern aus dieser frühen Zeit rechnet man mit Überarbeitungen, Glättungen, Angleichungen an einen späteren Sprachstand. Man weiß immer, dass man zum wirklichen Ursprung kaum gelangt. Homers *Ilias* und *Odyssee* aus dem 8. Jahrhundert v. Chr. gehen auf eine mündliche Tradition zurück, die ein Unbekannter auf letztlich undurchschaubare Weise zusammengefasst und auf den Punkt gebracht hat. Auch das rund 1000 Jahre ältere *Gilgameschepos* aus Mesopotamien verdankt sich einem solchen Prozess.

In der hebräischen Bibel aber ist all dies viel komplizierter. Sie stellt nicht ein Epos dar, das mit seiner Handlung immer wieder etwas anders erzählt wurde. Die hebräische Bibel enthält das Gesetz, nach dem das Judentum sein Leben ausrichtete. Dabei aber kam es auf sehr feine Unterschiede an, ja führten feinste Unterschiede zu Auseinandersetzungen, gelegentlich Zerreißproben. Die hebräische Bibel ist so gesehen schon als Gattung einmalig. Ein Buch, das rein äußerlich noch am ehesten mit geschichtlichen Darstellungen verglichen werden kann, begründet eine Weltreligion. Die hebräische Bibel *war* aber keine Geschichtsdarstellung, sie *konstruierte* die Geschichte dieses Volkes mit erheblichen Anknüpfungen an die historische Realität. Das Verwirrende an der hebräischen Bibel ist so gesehen zunächst einmal die *Verbindung* von Geschichtlichkeit und Fiktion. Gut möglich, dass an Homers Epen historisch etwas dran ist, dass es einen Kampf um Troja und Helden wie Agamemnon oder Odysseus gegeben hat, wie zum Beispiel Heinrich Schliemann glaubte. Aber das Interessante an diesen Epen ist trotzdem die Fiktion, die Geschichte ist nur Beiwerk. Bei der hebräischen Bibel ist es genau umgekehrt.

Die frühen Übersetzer haben dieses Problem nicht vor Augen gehabt. Noch für Luther war die hebräische Bibel, für ihn: das Alte Testament, im Wesentlichen ein Werk aus einem Guss. Aber genau dies trifft nicht zu, wie als Erste die Aufklärer erkannten. 1771 erschien die *Abhandlung von freier Untersuchung des Kanons* des protestantischen Theologen Salomo Semler, womit die historisch-kritische Bibelarbeit beginnt. Seither wurde Steinchen für Steinchen umgedreht und die Bibel als Puzzle erkannt. Dies aber hat nicht nur Folgen für die Theologie, sondern auch für die Übersetzung. Denn es gehört zu den großen Herausforderungen jeder Übersetzung, mit der komplizierten Entstehung zurechtzukommen. Jeder Übersetzer schafft ja etwas, was die hebräische Bibel nicht ist: ein Original – *sein* Original. Die hebräische Bibel *wird* in Übersetzungen zum Original. Was das Kollektiv der vielen Autoren des »Originals« nicht leisten konnte, ist für den Übersetzer etwas Unvermeidbares. Selbst Kollektive, die immer wieder in der Geschichte der Übersetzung angesichts des Riesentextes eine Rolle gespielt haben, *verhielten* sich ja wie Autoren, wollten nur Wissen bündeln oder optimieren, um in der Vielheit stärker zu sein, als es einer allein sein konnte. An der griechischen Übersetzung der hebräischen Bibel, der *Septuaginta*, waren (wie der Name sagt) 70 Übersetzer beteiligt, an der englischen *King James Bible* 47, und auch Luther übersetzte auf Dauer nicht allein, sondern schuf sich ein kleines Team, in dem es Abstimmung gab.

Vergleichbares ist bei einem Original nicht üblich, wenigstens tritt irgendwann eine Einzelperson auf, die Vorliegendes zusammenfasst. Auch dies war bei der Bibel anders. Wir wissen heute, dass am Anfang der hebräischen Bibel »Geschichten« stehen, die bei den Israeliten erzählt wurden wie bei anderen Völkern auch. Die Geschichten der Patriarchen gehören dazu, also die Erzählungen über Abraham, Isaak und Jakob, die sich zur Familiensaga mit wichtigen Themen wie der Erbfolge oder der unfruchtbaren Frau entwickelten. Es hat weiterhin ätiologische Geschichten gegeben, Geschichten, die den Namen eines Ortes oder eines Volkes aus einem mehr oder weniger spektakulären Ereignis erklären. Im Buch Josua etwa wird auf diese Weise der Name des Ortes *Gilgal* als »Wälzplatz« erklärt: Um seine Männer fit zu machen zur Eroberung des Heiligen Landes, beschnitt sie Josua ein zweites Mal mit einem Steinmesser. In der anschließend dringend nötigen Erholungspause suchte man sich einen ruhigen Ort, wo Josua seinen Leuten erklärte, nun sei die »ägyptische Schande« der Versklavung nach der Flucht endgültig von ihnen »abgewälzt«.

Als überhaupt ältester Text der hebräischen Bibel gilt heute das sogenannte *Siegeslied der Debora*, schriftlich bezeugt erstmals im 9. Jahrhundert. Das Ereignis selbst lag damals gut 200 Jahre zurück in der Richterzeit, als »Israel« einen Sieg über die Kanaanäer errang, wobei Debora alle tadelte, die nicht mitgemacht hatten. Es sind aber auch Übernahmen von Geschichten viel späterer Zeit möglich. Die Jonaerzählung mit dem Motiv des vom Fisch verschlungenen Helden gibt es in der griechischen Perseussage als Rettung durch einen Delphin. Die Geschichte von Jeftas Tochter, die sterben muss, weil ihr Vater ein entsprechendes Gelübde geleistet hat, klingt sehr nach Euripides' Tragödie *Iphigenie in Aulis*.

Mit all diesen Geschichten hätte es so gehen können wie mit den homerischen Geschichten oder dem *Gilgameschepos* auch – sie hätten in eine einheitliche Konzeption eines einzelnen Verfassers münden können. Stattdessen entstand die hebräische Bibel mit dem Entwurf eines Masterplans für das jüdische Leben. Darin erhielten die Geschichten eine neue Funktion. Sie wurden nach und nach auf drei Teile verteilt. Den ersten bildet die Tora mit den fünf Büchern Moses, dem eigentlichen Gesetz. Das Buch Genesis liefert den Schöpfungsbericht mit den ersten Ereignissen. Im Buch Exodos werden die Zehn Gebote verkündet, in Leviticus, Numeri und Deuteronomium sind die Einzelheiten ausbuchstabiert. Dem folgen als zweiter Teil die Propheten. Am Anfang stehen Führer der Israeliten wie Josua, zum Schluss die Könige – es geht also um die Geschichte der Israeliten seit ihrem Einzug ins Gelobte Land. Dann folgen die »eigentlichen« Propheten, die großen drei: Jesaja, Jeremia, Ezechiel, weiter die zwölf kleinen Propheten. Daran schließen sich die sogenannten Schriften an: die Psalmen, Hiob, die Spruchliteratur, die letzten Propheten. Den Abschluss bilden die Chroniken, die die Geschichte der Israeliten noch einmal in anderer Perspektive erzählen. Nur muss man wissen: Diese hebräische Bibel ist ein Endpunkt, Ergebnis von Bearbeitungen, die die vielen Ereignisse ganz unterschiedlich darstellen.

Die Einzelheiten sind trotz unendlich sorgfältiger Bemühungen der Wissenschaft nicht wirklich entwirrbar. Fest steht, dass es schon früh eine Aufzeichnung von Sagen der Vorzeit am Königshof Davids und seiner Nachfolger gegeben hat. Nicht alles konnten die späteren Bearbeiter selbst erfinden, dankbar werden sie diese Texte aufgenommen und eingearbeitet haben. Die Geschichte der Patriarchen gehört dazu.

Auch die Erzählung von Joseph und seinen Brüdern muss zum ältesten Stoff gehört haben, zumal gerade sie auf fremder Übernahme beruhen dürfte – es gibt einen ägyptischen Papyrus aus dem 13. Jahrhundert, der schon Rahmen und Einzelheiten bietet. Weiter ist von einer frühen Annalistik an den Königshöfen auszugehen (bezeugt im zweiten Buch Samuel 8,16 ff.), worauf sich als Rahmen oder Anhaltspunkt zurückgreifen ließ – hier gibt es außerbiblische Bestätigungen, wovon wir noch hören werden. Auch die Bekundungen der Propheten müssen festgehalten worden sein, auch sie lassen sich außerbiblisch fassen. Nur blieb eben nichts ohne Bearbeitung, Einarbeitung in ein Gesamtkonzept, das sich mehrmals grundlegend änderte. Jedenfalls gibt es auch in diesem Punkt keinen Endzustand. Nicht nur, dass sich die Entstehung der biblischen Texte über Jahrhunderte hinzog, ihre Zusammenfassung tat dies auch. Selbst die hebräische Bibel des 7. Jahrhunderts wird heute auf etwa ein Zehntel des Zustands im 2. Jahrhundert geschätzt. Die großen Übersetzungen, beginnend mit der *Übersetzung der Siebzig*, stützten sich also auf ein ausgesprochenes Spätprodukt.

In sehr groben Umrissen stellt man sich heute die Entstehung der hebräischen Bibel als Abfolge von großen Bearbeitungsphasen in Krisensituationen vor. Letztlich ging es immer wieder um das Schicksal der Bedrohung in feindlicher Umwelt, um einen Überlebenskampf, bei dem man auf Jahwe setzte, auf den Bund mit ihm. Die erste Bearbeitungsphase könnte noch in die Zeit vor dem Untergang von Juda mit seiner Hauptstadt Jerusalem fallen, also ins 6. Jahrhundert. Denn man weiß, dass König Josia Reformen einleitete, um sein Reich gegen den Ansturm der Assyrer zu festigen. Der Kern dieser Reform aber lautete: Unterstellung des jüdischen Volkes unter den einen Gott Jahwe – unter »Jahwe allein«, wie es zum regelrechten Schlachtruf wurde.

Im Zentrum stand dabei das fünfte Buch der Tora, das Deuteronomium: das Vermächtnis von Mose, das angeblich verlorengegangen war und durch Zufall bei einer Tempelrenovierung 622 von Hiskija entdeckt wurde. Jedenfalls liegt die gleiche Grundidee den folgenden Geschichtsbüchern von Josua bis zu den Königen zugrunde, so dass man insgesamt von einem deuteronomistischen Geschichtswerk gesprochen hat. Dazu gehört vor allem die Kultzentralisation im Jerusalemer Tempel, weshalb allerdings auch spekuliert wurde, dass dies auf eine noch etwas spätere Entstehung im Exil deute, wo man sich nach diesem Kultzentrum (zurück)sehnte. Wie auch immer die Datierung zu entscheiden ist, es gibt Merkmale, die zumindest die Redaktion als solche belegen. So wird der Bund in diesen Texten stets »geschlossen«.

In einer noch etwas späteren Bearbeitungsphase nämlich wird er stets »aufgerichtet«. Dabei handelt es sich um die sogenannte Priesterschrift, die auf jeden Fall frühestens im Babylonischen Exil, eher noch später bei der Rückkehr nach Jerusalem und im Zusammenhang der Errichtung des zweiten Tempels abgefasst wurde. Ihr Kennzeichen ist eine Neuerzählung der Geschichte Israels, beginnend mit der Erschaffung der Welt (Genesis 1,1 ff.), von der her sich die Geschichte der »Kinder Israels« (wie es jetzt programmatisch heißt) als des Gottesvolkes entwickelt – nun ohne Könige. Die Erzählungen der Genesis werden damit zu Lehrerzählungen über die Folgen des Abfalls von Gott. Die Erzählungen von Exodus dagegen zeigen, wie mit dem Auszug aus Ägypten und der Gesetzgebung am Sinai die von Anfang an beschlossene Zuteilung des Heiligen Landes mit dem Führer Mose Gestalt annahm. Gerade dabei konnte man auf Vorhandenes zurückgreifen, vor allem auf die Propheten, die nun so in den Gesamttext eingebaut wurden, dass sich ihre Weissagungen erfüllten. Aber auch Einzelheiten aus den Propheten wurden gewissermaßen in die frühen Erzählungen regelrecht hineinkopiert. Die Zehn Gebote, die Mose nach dem Buch Exodus am Sinai verkündet, lassen sich sämtlich bei dem Propheten Jeremia finden (*Stehlen, morden und ehebrechen und Lüge schwören und dem Baal räuchern und anderen Göttern nachlaufen, die ihr nicht kennt*: Jeremia 7,9).

Zwei Propheten spielen dabei eine herausragende Rolle. Es ist einmal Ezechiel, der nach eigenem Wort im Exil eine Vision hatte, in der Gott ihm erstens das ganze Elend des Volkes als Folge seines Abfalls zur Vielgötterei darstellt und ihm zweitens die Entstehung eines neuen Jerusalems mit einem neuen Tempel zeigt. Man nimmt heute an, dass die Schrift erst in Jerusalem entstand, die Vision also zurückverlegt wurde. Auf jeden Fall ist die Bundestheologie zentral: *Und ich werde einen Friedensbund mit ihnen schließen … und werde ihr Gott sein, und sie werden mein Volk sein* (Ezechiel 37,26 f.).

Der zweite Prophet ist der Prophet der hebräischen Bibel schlechthin, Jesaja. Schon Luther war klar, dass das überlieferte Bibelbuch eine Bearbeitung darstellen muss, zwei Teile enthält: Jesaja und Deuterojesaja (mit dem Schnitt bei Jesaja 40). Grundlegend ist dabei das Zionmotiv mit der Ankündigung einer völlig neuartigen Königsherrschaft, nämlich der Gottes, dem unbedingt vertraut werden muss: *Glaubt ihr nicht, so bleibt ihr nicht* (Jesaja 7,9). Die David-Dynastie wird also wiedererstehen, aber nicht mit einem Davididen an der Spitze, sondern mit der Herrschaft der Gerechtigkeit selbst: *Da werden die Wölfe bei den Lämmern wohnen und die Panther bei den Böcken lagern …* (Jesaja 11,6 ff.). Das Ende markiert das Danklied dessen, der den Völkern die Wundertaten verkündet, die Jahwe vollbringen wird. Die Erlösten werden zum Zion heimkehren, der das Paradies geworden ist, wo sich die Gerechten zum endzeitlichen Mahl versammeln. In Deuterojesaja ist dann die Rede vom »Menschensohn«, der das Heil bringen wird, was von den Christen als besonders klare Vorausdeutung auf die Ereignisse des Neuen Testamentes gelesen wurde.

Die Tora mit den fünf Büchern Moses und die Propheten bilden den wesentlichen Teil der hebräischen Bibel. Aber damit war die hebräische Bibel nicht abgeschlossen. Es folgen Lehrbücher, die in verschiedenen Gruppierungen entstanden. Der Psalter gilt als Buch der Pharisäer und erreichte seinen heutigen Umfang sehr spät, möglicherweise erst im 1. Jahrhundert v. Chr. Das Buch der Sprüche wird den Sadduzäern zugeschrieben. Das Buch Daniel (übrigens das letzte in den Kanon aufgenommene Buch überhaupt) begründete die Apokalyptik mit ihrer Vision vom Weltende und seinen fürchterlichen kosmischen Katastrophen. Ganz ans Ende gestellt sind die Geschichtsbücher, die als »Chroniken« bezeichnet wurden. Sie erzählen noch einmal die Geschichte der Israeliten, aber in ganz eigener Perspektive. Alle Probleme der Vergangenheit habe sich Israel selbst zuzuschreiben, weil es immer wieder den Bund mit Gott verriet. Umgekehrt ist die Zukunft völlig klar: Sie liegt in einer unbedingten Befolgung des Bundes, wozu die Voraussetzungen mit dem zentralen Kultzentrum des zweiten Tempels gegeben sind.

Die Schilderung des jüdischen Aufstandes gegen die ptolemäische Besatzungsmacht in der Makkabäerzeit, geschrieben um 104 v. Chr., wurde von den jüdischen Schriftgelehrten schon nicht mehr in den Kanon aufgenommen, sondern als apokryph betrachtet. Dies gilt auch für immer neue Fortsetzungen wie das 4. Buch Esra und angebliche Testamente der zwölf Patriarchen. Die griechische Übersetzung der hebräischen Bibel in der *Übersetzung der Siebzig* hat einige dieser Bücher dagegen akzeptiert, auch das Christentum nahm sie in den Kanon auf.

Um es noch einmal in noch gröberen Strichen zusammenzufassen: Die hebräische Bibel entstand zunächst in unzusammenhängenden »Geschichten«. Unter dem Druck der Umwelt verbanden verschiedene Redaktoren diese Geschichten zur Einheit. Eine entscheidende Phase lag dabei möglicherweise schon vor dem Babylonischen Exil, eine weitere auf jeden Fall im Exil. Die Bibel *ist* in wesentlichen Stücken Ergebnis und nicht zuletzt Verarbeitung der Exilserfahrung. Als letzte große Figur in diesem Umarbeitungsprozess gilt der Priester Esra um 400 v. Chr., über den ein eigenes Bibelbuch unterrichtet, wie er in Jerusalem das Leben seines Volkes ohne selbständigen Staat organisiert – übrigens zunächst auf Aramäisch geschrieben und dann mitten im Text ins Hebräische übergehend. Allerdings endet damit nach rabbinischer Auffassung die Phase der göttlichen Inspiriertheit. Alle weiteren Schriften: die Psalmen und die Weisheitsliteratur nebst der späten Chronistik, wurden noch in den Kanon aufgenommen, galten aber nicht mehr als heilige Texte. Noch spätere Zeugnisse wurden als apokryph ausgeschieden.

Einen wirklichen Abschluss der hebräischen Bibel hat es also sehr lange Zeit nicht gegeben. In den immer neuen politischen Entwicklungen hat man weiter umgearbeitet und hinzugefügt. Die hebräische Bibel war, wenn man es salopp ausdrücken darf, eine einzige Baustelle. Als sie nicht zufällig in der Zeit des Untergangs jeder politischen Bedeutung ihre endgültige Gestalt angenommen hatte, war sie eine Unvollendete, die schlicht nur dadurch vollendet werden konnte, dass man jede weitere Arbeit liegenließ. Seit dem 2. nachchristlichen Jahrhundert heißt Arbeit an der Bibel nicht Überarbeitung und schon gar nicht Hinzufügung, sondern Sicherung des Bestehenden. Die Bibel war in oder trotz ihrer Unvollendetheit zum heiligen Buch geworden. Wie man vorher an jedem Buchstaben gefeilt hatte, wurde nun fieberhaft nach jedem alten Buchstaben gesucht. Die Arbeit wandelt sich von der Textherstellung zur Textkritik. Gleichzeitig beginnen die großen Übersetzungen.

Aber um es noch einmal zu betonen: Textkritik wie Übersetzungen bezogen sich zwangsläufig auf einen Text, der die Spuren seiner Entstehung nie verloren hatte. Wer auch immer wann genau die Traditionen sammelte und zusammenfügte: Er verwandte wenig Sorgfalt darauf, die Spuren der Entstehung zu verwischen – musste sie vielleicht in der Auseinandersetzung mit anderen Bearbeitern bestehen lassen. Zum Bekanntesten in diesem Punkt gehören die berühmten Dubletten, die auch dann stehen blieben, wenn es sich nicht um bloße Wiederholungen, sondern um glatte Widersprüche handelte.

So beginnt die Genesis mit einem doppelten Schöpfungsbericht, in dem Eva einmal aus der Rippe Adams, das andere Mal aus Lehm geformt ist. In Kapitel 11 der Genesis liest man, die Entstehung der vielen Sprachen gehe auf den Turmbau in Babel zurück, in Kapitel 10 war aber bereits davon die Rede, dass die 70 Völker, die nach der Sintflut entstanden, von Anfang an ihre je eigenen Sprache besaßen, eine Verwirrung also überflüssig gewesen wäre. Schlichter sind Dubletten, wenn die Söhne Jakobs ihren Bruder Joseph einmal einer Karawane aus Ismaelitern, dann von Midianitern verkaufen. Oder wenn David den »Riesen« Goliath zweimal mit der Steinschleuder besiegt und Goliath an wieder anderer Stelle gegen einen Mann namens Elhanan ben Ja're fällt – mit einem Speer, so groß wie ein Weberbaum. In anderen Fällen sind Doppelungen gewissermaßen ineinandergeschoben. Bei der Sintflut ist einmal die Rede von 40 Tagen Regen als Ursache, daneben aber heißt es, der Urozean sei 150 Tage lang über die Erde hereingebrochen. Übrigens gibt es auch Tribletten: David wird ganze drei Mal zum König gesalbt.

Zur Erklärung solcher Widersprüche wurde vorgebracht,

dass den Redakteuren die Bewahrung der Quellen wichtiger gewesen sei als die Herstellung einer künstlichen Einheit. Auch war die Rede davon, dass gegensätzliche Darstellungen »dasselbe« in unterschiedlicher Perspektive zeigten. Belassen wir es bei der Feststellung, dass die Endgestalt der Bibel keine Endgestalt im gewöhnlichen Sinne ist, nichts wirklich Abgeschlossenes bietet. Aber dies ist letztlich kein Wunder: Die Bibel ist eben keine historische Darstellung der Geschichte, sondern deren theologische Konstruktion. Diese Konstruktion gilt es, »für sich selbst« zu begreifen, in ihrer Eigenart und in ihrem eigenen Anspruch. Dies aber ist erst recht von Bedeutung für die Übersetzung. Denn jede Übersetzung hat diesen Anspruch später auf eigene Weise eingelöst.

Patchwork beim Durchzug durch das Rote Meer

Es gibt wenige Erzählungen des Alten Testaments, die es zu derartiger symbolischer Bedeutung gebracht haben wie der Auszug der Israeliten aus Ägypten, der Exodus. Die puritanischen Revolutionäre unter Oliver Cromwell im England des 17. Jahrhunderts beriefen sich genauso darauf wie die Pilgerväter der *Mayflower*, die bei der Landung in Amerika auf die Knie fielen, weil sie glaubten, das Gelobte Land erreicht zu haben. Auch die ihnen nachfolgenden Siedler fühlten sich nach der Befreiung von der englischen Krone von der biblischen Erzählung getragen (und gaben ihren Kindern alttestamentliche Namen). Nach dem Wunsch von Benjamin Franklin sollte das Amtssiegel der Vereinigten Staaten Mose mit erhobenem Stab und das im Meer ertrinkende ägyptische Heer zeigen. Gerade dieses Detail, der Durchzug durch das Rote Meer, blieb den meisten in Erinnerung allein schon wegen des spektakulären Zusammenschlagens der Wassermassen über den Ägyptern. Aus der Sicht eines braven Nachlesens des entsprechenden Kapitels 13 ergibt sich freilich ein Problem: Es muss keinen Marsch zwischen den Wasserbergen links und rechts gegeben haben und deshalb auch kein anschließendes Zusammenschlagen der Wellen. Die Israeliten könnten auch ganz einfach durch einen vom Wind ausgetrockneten See gelaufen sein, unbeobachtet und unverfolgt von den Ägyptern. Denn die Bibel bietet einmal mehr eine doppelte Lesart, in diesem Fall so ineinander verschnitten, dass auch dem aufmerksamsten Leser der Kopf verdreht wird.

Die Verwirrung beginnt bei Vers 13,17 mit einer Begründung. Warum wenden sich die Israeliten bei ihrer Flucht aus Ägypten nicht nach Norden in Richtung ihres eigentlichen Zieles, des Gelobten Landes Kanaan am Mittelmeer? Antwort: Weil dort die Philister sitzen und es Kämpfe gegeben hätte, die manche Israeliten wieder nach Ägypten zurückgetrieben haben könnten. Der Marsch in die Wüste erfolgte also, um Kämpfen auszuweichen.

Aber daneben wird auch ein ganz anderer Grund genannt. Die Ägypter sollten glauben, die Israeliten hätten sich mit der Wendung nach Süden in der Wüste verlaufen, sie sollten die Israeliten entsprechend verfolgen und dabei in einem schönen Exempel für die Macht Gottes vernichtet werden. Womit das Heil bzw. Unheil zunächst einmal seinen Lauf nimmt. Die Israeliten ziehen also in die Wüste, und der Pharao galoppiert mit seinem Heer hinterher. Als die Israeliten das Rote Meer erreicht haben, sehen sie das Unheil kommen und beschweren sich bei Mose, dass die Flucht ja nun im Debakel ende, während sie ohne diese Flucht zwar unterdrückt, aber wenigstens lebend in Ägypten sitzen könnten. Mose erzählt ihnen darauf von Gottes verschwörerischer Idee und mahnt zur Ruhe. Kurz darauf scheint sich jedoch niemand an die Idee zu erinnern, das Volk schreit wieder Moses an und der sogar Gott. Worauf dieser mit einem Befehl reagiert: Mose soll seinen Stab heben und damit das Meer spalten, um den Marsch durch die rechts und links aufgetürmten Fluten zu ermöglichen. Bis es so weit ist, legt Gott vorsorglich noch eine Wolkensäule zwischen Israeliten und Ägypter.

Dann aber kommt es zum Countdown, die Israeliten marschieren auf das Meer zu. Das ist jedoch keineswegs gespalten, Mose hob auch nicht seinen Stab, sondern seinen Arm, worauf sich ein starker Ostwind erhob, der das Meer über Nacht komplett austrocknete. Nur bleibt es nicht bei dieser Version, vielmehr liest der willige Leser: *Er (Mose) ließ das Meer austrocknen, und das Wasser spaltete sich. Die Israeliten zogen auf trockenem Boden ins Meer hinein, während rechts und links von ihnen das Wasser wie eine Mauer stand.* Aber nun wächst die Verwirrung immer mehr. Denn weiter heißt es: Die Ägypter *setzten ihnen nach, zogen hinter ihnen ins Meer hinein* – in welches Meer eigentlich, das doch ausgetrocknet war? Es kommt noch viel verwirrender. Denn in den nächsten Versen ist davon die Rede, dass die Ägypter immer noch in ihrem Lager saßen und den Israeliten nicht näher kamen, weil Gott ihre Wagenräder blockierte und sie *nur schwer vorankommen konnten.* Sie erkennen dies als Eingriff dieses doch etwas zu starken Gottes und wollen nun selbst fliehen. Da kommt wieder Gottes Trick ins Spiel. Denn Gott befiehlt Mose nun, seine Hand über das Meer auszustrecken, *damit das Wasser zurückflutet und den Ägypter, seine Wagen und Reiter zudeckt.* Moses tut dies, worauf die Ägypter dem Meer auf ihrer Flucht *entgegenliefen,* um darin elendiglich zu versinken.

Und immer noch ist es mit der Verwirrung nicht vorbei. Das zurückkehrende Wasser bedeckt zunächst einmal die ihm entgegenlaufenden Ägypter, so dass keiner überlebte. Noch einmal ist die Rede davon, dass die Israeliten dagegen *mitten durch das Meer* zogen, *während rechts und links von ihnen das*

Wasser wie eine Mauer stand. Als dann alles beendet ist und sämtliche Ägypter tot sind, liest man zum letzten Mal erstaunt: *Israel sah die Ägypter tot am Strand liegen.* Sie waren also in den Wogen nicht versunken, sondern irgendwie an den Strand geworfen worden, um das eigentliche Happy End der Geschichte zu ermöglichen: *Als Israel sah, daß der Herr mit mächtiger Hand an den Ägyptern gehandelt hatte, fürchtete das Volk den Herrn. Sie glaubten an den Herrn und an Mose, seinen Knecht.* Die Israeliten *sahen* also das Wunder der Vernichtung, weshalb die Ägypter nicht in den Wogen versinken durften.

War der biblische Erzähler schlicht geistig verwirrt? Gnädiger ist die folgende Erklärung: Der letzte Redaktor hatte es offenbar mit zwei Erzählversionen zu tun, eine mit dem Zug zwischen den Wassermauern, die andere mit dem ausgetrockneten Meer. Aber auch die Rolle Moses ist in diesen Versionen leicht anders aufgefasst. Zwar handelt in beiden Fällen letztlich Gott: Er teilt das Meer oder er schickt den Wind, »natürlich« ist weder das eine noch das andere. Aber beim Teilen des Meeres steht Gott mehr im Vordergrund, beim Wind sieht es mehr nach einem »Handeln« Moses aus. Und nun saß der Erzähler vor den beiden Versionen und musste sich entweder für eine einzige entscheiden oder für ihre Verquickung. Er entschied sich für die Verquickung, bei der er die Stücke gewissermaßen ausschnitt und anschließend zusammenlegte. Augustin Rudolf Müller hat die Schnipsel folgendermaßen angeordnet: Erster Erzählfaden: 14,1–4. 8–10. 15–18–21a. 21d. 22. 23. 26. 27a. 28. 29. Zweiter Erzählfaden: 13,21. 22. 14, 5c-7. 11–14. 19c-20. 21b.c. 24. 25. 27b-d. Ich lasse dies auf sich beruhen und gehe zu einer anderen Frage über: Wie verhält sich unter solchen Umständen ein Übersetzer? Kann er irgendwie harmonisierend eingreifen oder verfehlt er damit die Treue?

Die eben angeführten Zitate folgen der modernen *Einheits-*

übersetzung, die keinerlei Anstalten macht, das Gewirr zu entflechten, weil sie offenbar darin eine Überschreitung der Aufgabe des Übersetzers sieht. Tatsächlich wäre eine Harmonisierung nur um den Preis einer Entscheidung gegen den Text möglich: als Version mit Stab und Wogen oder als Version mit Arm und Ostwind. Übersetzer aber sind offenbar der Versuchung des Glättens ausgesetzt, weil sie einen lesbaren Text bieten wollen. Als Franz Rosenzweig und Martin Buber in ihren *Fünf Büchern der Weisung* an die Stelle kamen, halfen sie sich, indem sie das Wehen des Windes als Spalten der Wellen wiedergaben: *Mosche streckte seine Hand übers Meer, / und zurückgehen ließ ER das Meer / durch einen heftigen Ostwind all die Nacht / und machte das Meer zum Sandgrund, / so spalteten sich die Wasser.* Ob da nicht die Brüche besser klingen, weil sie wenigstens als Brüche erkennbar sind, während die Glättung das Ganze unfreiwillig witzig aussehen lässt?

Die Bibel im Film

Einer der Gradmesser für die Aktualität des Bibelstoffes dürfte der Film sein. Tatsächlich herrscht an Geschichten des Alten wie des Neuen Testament in diesem attraktiven Medium kein Mangel. Ob das eine Fortsetzung mittelalterlicher Traditionen ist, der Film als Erbe des Mysterienspiels – mit Oberammergau als Zwischenglied? Dann läge eine Überraschung darin, dass mittlerweile das Alte Testament das Neue in den Schatten stellt. Man muss sich bei den Jesus-Geschichten schon an Nebenlinien halten, um auf ganz großen Erfolg zu stoßen. Bei *Ben Hur* zum Beispiel, wo das kurze Auftauchen des Messias eine Art Gastrolle neben dem Wagenrennen mit den zerstörerischen Sicheln einnimmt.

Nein, wirkliches Format für die filmische Umsetzung garantiert nicht das Neue, sondern das Alte Testament. Die TV-Serie *The Bible* lief 2013 auf dem amerikanischen *History channel* mit bis zu 15 Millionen Zuschauern pro Folge. Bei uns war die amerikanisch-italienische Koproduktion *Die Bibel* aus dem Jahre 1966 sehr erfolgreich – mit dem Regisseur John Huston als Noah. Aber nicht diese Überblicke, sondern mehr noch die dramatischen Einzelstoffe machten Furore. Dies gilt auf jeden Fall für die 1956 gedrehten *Die Zehn Gebote* mit Charlton Heston als Mose, einer der opulentesten und teuersten Spielfilme, die sich Paramount je geleistet hat (mit 14 000 Statisten und 15 000 Tieren). Bei der 1959 abgelieferten Produktion *Salomon und die Köngin von Saba* mit einer atemberaubenden Gina Lollobrigida war es allerdings eher die Dramatik der Herstellung, die einmalig blieb. Der Salomon-Darsteller Tyrone Power erlitt während einer wohl zu oft wiederholten Fechtszene einen Herzinfarkt und wurde anschließend durch Yul Brynner ersetzt, mit dem dann auch alle vorangegangenen Szenen neu gedreht werden mussten.

Den Stoff der Stoffe aber bildet der Auszug aus Ägypten wiederum mit Mose im Zentrum. Siebenmal war das Thema schon gedreht worden, als Ridley Scott sich der Geschichte annahm, die bei uns Weihnachten 2014 in die Kinos kam. Wer die Hoffnung gehabt haben sollte, hier werde Bibelstoff in Erinnerung gerufen, dürfte schon bei der Betrachtung des Plakats ins Grübeln gekommen sein: Mose alias Christian Bale ist in Gladiatorenpose zu sehen, und der Werbetext sagt es noch unverhohlener: »Vom Regisseur von Gladiator«. Es geht also um einen Schwertkämpfer, der dann – getreu dem Untertitel: »Götter und Könige« – für seinen Gott gegen einen König als Gott kämpft: gegen Ramses den II. Dazu wird zunächst einmal die Hethiterschlacht bei Kadesch zweckentfremdet: Mose rettet dort Ramses das Leben – eine schöne Voraussetzung für die nachfolgende Auseinandersetzung, die den Exodus zum Kräftemessen zwischen einem immer tyrannischeren Pharao und einem immer sensibleren Mose macht, der erfahren hat, dass er ein im Binsenkörbchen ausgesetztes Hebräerkind war.

Es ist nicht alles falsch an der Darstellung, Mose floh nach der Bibel wirklich nach Midian und fand dort seine Frau, wenn auch kaum eine so schön geschminkte wie im Film. Aber man merkt dann, dass es den Regisseur zu den filmischen Herausforderungen zieht, die noch nie in 3D gedreht worden waren. So erlebt der Zuschauer die ägyptischen Plagen, durchaus korrekt nach der Bibel über einen halsstarrigen Pharao dafür verhängt, dass er die hebräischen Sklaven nicht ziehen lassen will. Wundervoll eklig also die zigtausend Frösche und gar die Abermillionen Heuschrecken, von denen sich der bebrillte Zuschauer betatscht oder umflattert findet. Oder das blutgefärbte Wasser und die heranziehende dunkle Wolke, in deren Schatten die ägyptischen Erstgeborenen sterben – des Pharaos Kind in dessen kräftigen Armen und unter Tränen, die man ihm kaum zutraut.

Und doch ist dies wiederum nichts gegenüber dem Durchzug durch das Rote Meer. Denn während die Hebräer durchs immer seichtere Wasser ziehen, werden die herangaloppierenden Ägypter mit einem Ramses gezeigt, dessen finstere Absichten mehr als klar erkennbar sind. Aber er kann nichts davon verwirklichen, denn als er die Hebräer im Meer schon in der Hand zu haben glaubt, rollt eine Tsunamiwelle an, deren meterhohe Wand wohl den kaltblütigsten Zuschauer in Panik versetzt. Noch einmal aber zeigt der Regisseur, was er mit dem Exodus eigentlich im Sinn hatte. Denn von allen Hebräern wendet sich nur Mose noch einmal zurück, und nur Ramses ist so dickschädelig, trotz Welle weiterzureiten. Aber es kommt dann doch nicht mehr zum Kampf, denn eine solche Welle wirbelt selbst die unerschrockensten Helden durcheinander, wirft sie beide an ihren Strand – Mose hüben, Ramses zwischen seinen ertrunkenen Ägyptern drüben.

Darf man das – den Exodus zum Männerdrama machen? Der in 3D untergehende Bibelstoff kann sich jedenfalls nicht wehren. Nur darf man nicht erwarten, dass es dem Bibelstoff nützt. Tatsächlich überlebt dieser viel besser als in seiner Wieder*erzählung* in seiner neuzeitlichen Wieder*holung*. Der Film *Exodus* von Otto Preminger aus dem Jahre 1960, mit Paul Newman als Schiffskommandant, der in nervenzerfetzender Situation Verantwortung zeigt und die geflüchteten Juden an Land lässt, ist ohne das biblische Vorbild nicht nur nicht zu denken: Es ist als Wiederholung des Mythos jeder Wiedererzählung unendlich überlegen. Ob die Bibel also noch immer filmtauglich ist? Der Fall Exodus zeigt jedenfalls beide Varianten. Wir werden wohl auch in Zukunft beide wiederfinden.

HARALD WELZER
»Überwachung«

Die Erde auf Erden

»Die Welt ist mehr Nichtkrise als Krise: sie ist gewiss nicht der Himmel auf Erden, aber auch nicht die Hölle auf Erden, sondern die Erde auf Erden.«[1] Das ist ein Ausgangspunkt. Wir können gestalten.

Freiheit

Sogar immer mehr. Denn die Welt ist mehr Nichtkrise als Krise, weil wir auf einen Zivilisationsprozess zurückblicken, der es über die Jahrhunderte hinweg für mehr und mehr Menschen möglich gemacht hat, in größerer Sicherheit und zugleich in Freiheit zu leben. Davon profitieren natürlich noch immer nicht alle Menschen überall, und zurzeit erleben wir einen Rückschlag. Gegenwärtig häufen sich Kriege, Bürgerkriege, Massaker, Flucht, Vertreibung, Anschläge. Solche Rückschläge begleiten den Zivilisationsprozess; er läuft nicht linear, und er schafft keine Sicherheit vor Rückfällen in unzivilisiertere Verhältnisse. Im Gegenteil: Mit mehr technischen Möglichkeiten und größerer Rationalität wächst auch das Maß an Unmenschlichkeit, das angerichtet werden kann. Der Holocaust war ein Produkt der Moderne, kein »Rückfall in die

Barbarei«, wie es in Sonntagsreden immer noch heißt. Barbaren erfinden keine großtechnologischen Menschenvernichtungsanlagen, auch keine Drohnen. Das gegenmenschliche Verhängnis wird immer mit den Mitteln der Zeit hergestellt.

Zivilisation ist nie gesichert, das hat das 20. Jahrhundert auf das Grausamste gezeigt. Und die Kräfte zu ihrer Zerstörung, auch das lehrt die Geschichte, kommen nicht immer von außen. Die Furcht vor der Freiheit und vor der Verlassenheit des Einzelnen sind die gefährlichsten Antriebskräfte, die zum Kampf gegen die Moderne und ihre Freiheitszumutungen führen können. Und diejenigen, die die Werte und die Praxis der modernen Zivilisation bekämpfen, müssen nicht so aussehen wie die Nazis, wie sie uns in Hollywoodfilmen vorgeführt werden. Sie müssen keine Uniformen tragen und Märsche gut finden. Sie müssen auch nicht auftreten wie Skinheads und Neonazis und »Freiwild« gut finden. Und sie müssen nicht aussehen wie die Mörder und Mörderinnen des IS. Die alle bieten uns den Vorteil, dass wir sie als fremd und feindselig erkennen können; wir haben keine Schwierigkeit damit, gegen sie vorgehen zu wollen.

Schwieriger ist es aber mit den Gefährdungen von Freiheit und Demokratie, die aus dem Inneren der freien Gesellschaft selbst entspringen. Deren Vorreiter sehen nämlich genau so aus wie Sie und ich oder wie unsere Kinder. Sie hören auch dieselbe Musik, gehen in dieselben Clubs, sehen dieselben Filme, scheinen dieselben Ansichten zu haben wie wir. Es könnte aber auch sein, dass sie unsere Ansichten schon so weit geformt haben, dass wir nur noch glauben, es seien unsere, während es längst schon ihre sind. Kurz: Ich fürchte, heute haben wir es mit einem neuen Phänomen zu tun; einer freiwilligen Kapitulation vor den Feinden der Freiheit. Die findet statt, weil die heutigen Freiheitsfeinde nicht in Uniformen und Panzern daherkommen. Sie sagen sehr freundlich, dass es ihnen um die Verbesserung der Welt ginge. Sie sind smart. Sie fragen nur nie, ob sie jemand um die Verbesserung der Welt gebeten hat. Und sind plötzlich da wie Gäste auf einer Party, von denen jeder glaubt, dass jemand anderer sie eingeladen hat.

Weltbildstörung

Ein Autounfall. Letztes Schuljahr. Wir, die Anti-Kernkraft-links-alternativ-punk-Clique, waren Pizzaessen gewesen. Beim Herausrangieren aus der Parklücke hatte ich vergessen, nach hinten zu schauen. Links in die Fahrerseite des handgerollt orangelackierten Käfers mit dem »Atomkraft? Wie ungeil!«-Aufkleber rauschte mit hässlichem Geräusch ein Taxi. Das hatte nicht ausweichen können, weil es gerade in diesem Moment von einem Polizeiwagen überholt wurde. Absurderweise fuhr direkt hinter dem Taxi auch noch ein zweites Polizeifahrzeug. Ich konnte von Glück sagen, dass es nicht ins vollbremsende Taxi geknallt war, das jetzt nur leicht beschädigt neben dem lädierten Käfer stand.

Aus dem Taxi stieg ein Fahrgast, Anzug und Schlips, der uns, die wir leicht geschockt aus dem Käfer gekrochen waren, sofort zu beschimpfen begann: »Ihr linken Spinner! Ihr Anarchisten! Wollt uns ans Leben! Gehört alle eingesperrt! Seht aus wie die Affen.« Undsoweiter. Ich nahm das eher wattig auf; das Geräusch von Blech auf Blech hallte in meinen Ohren noch nach und außerdem versuchte ich, die Sache mit den beiden Polizeiwagen kognitiv irgendwie zu verarbeiten.

Der Mann beschimpfte uns weiter. Bis ein Polizist auf ihn zutrat: »Sie setzen sich sofort wieder ins Auto und hören auf, ordentliche Staatsbürger zu beleidigen. Sonst zeigen die Sie an. Und ich sage Ihnen, sie haben sehr gute Zeugen!« Der

Mann erstarrte, schaute den Polizisten fassungslos an, verschwand nach einem kurzen Augenblick aber ohne weiteres Wort wieder im Taxi.

Wir hatten dann noch eine gute Zeit. Die Polizisten rieten dem Taxifahrer und mir, einfach die Adressen auszutauschen und den Schaden privat zu regulieren, wir versicherten uns, dass alles ja noch mal gutgegangen sei, alle verstanden sich.

Dieser Unfall war nicht nur ein Blechschaden, er war die bis dahin tiefste Verbeulung meines gerade frisch gebildeten Weltbildes. Das waren jetzt »die Bullen« gewesen? Also die, die bei Demos immer auf der falschen Seite standen? Die in den Comics von Gerhard Seyfried »Pop! Stolizei!« riefen, weil sie einfach zu allem zu dumm waren? Und auf der Seite eines Staates standen, an dem wir so ziemlich alles falsch und repressiv und kapitalistisch fanden, irgendwie. Die uns jetzt, obwohl der Unfall ja zweifellos einzig und allein meine Schuld war, sofort verteidigten, gegen einen taxifahrenden Bürger?

Taxi und Polizei fuhren davon. Meine Freunde krochen zurück in den Käfer. Ich blickte den davonfahrenden Polizisten noch lange hinterher.

Eigentlich bis heute. Politische Bildung ist, wie man an diesem Beispiel sehen kann, eine Sache der Praxis. Man hat eine freiheitliche Ordnung dann verstanden, wenn man erfährt, dass es Institutionen gibt, die dafür da sind, einen als Staatsbürger gegen Willkür, Beleidigung, Gewalt zu verteidigen. Wenn man erlebt, dass Freiheit nicht einfach da ist, sondern für sie gehandelt werden muss. Dass moderne Staatlichkeit auf der Idee der Freiheit basiert, aber eine Verwaltung, eine Justiz, eine Polizei braucht, um sie praktisch zu gewährleisten. 2015 warb die Bundeswehr in einer Kampagne um neue Rekruten mit dem Satz: »Wir kämpfen auch dafür, dass Du gegen uns sein kannst.« Ziemlich klug. In diesem Satz ist das Paradox der Freiheit auf die kürzest mögliche Formel gebracht.

Ihr Geltungsbereich umfasst auch die, die anders sind oder anders denken. Aber ihre Geltung muss man jederzeit gegen die Feinde der Freiheit zu verteidigen bereit sein.

Wer rettet die Welt?

»Das Problem mit Regierungen ist doch, dass sie von Mehrheiten gewählt werden, die sich um die Artenvielfalt einen feuchten Kehricht scheren. Wohingegen Milliardäre durchaus ein Interesse daran haben. Ihnen ist daran gelegen, dass der Planet nicht völlig vor die Hunde geht, weil sie und ihre Erben diejenigen sein werden, die genügend Geld haben, um ihn noch zu genießen.«[2] Die Romanfigur Walter, die das in Jonathan Franzens Epos »Freiheit« sagt, stellt einen Zusammenhang her, der überrascht, einen Zusammenhang zwischen Artensterben, Demokratie und Geld. Auch wenn Walter im Roman ein problematischer Typ ist: Auf die Herstellung von Zusammenhang kommt es an. Wir haben uns angewöhnt, Klimawandel, soziale Ungleichheit, Finanzmarktkrise, Flüchtlinge, Artensterben, Digitalisierung, Globalisierung, Hyperkonsum, Wirtschaftswachstum, Mobilität, Kriege, Überwachung, Terrorismus als voneinander säuberlich getrennte Erscheinungen zu betrachten, als seien sie auch in der Wirklichkeit voneinander getrennt.

Das sind sie aber nicht: Die wachsenden Emissionsmengen, die den Klimawandel anfeuern, haben ihre Ursache in Konsum und Hyperkonsum, die dafür erforderlichen Material- und Energiemengen müssen, wegen des »globalen Wettbewerbs«, so billig wie möglich gewonnen werden, weshalb Raubbau an Naturressourcen wie an menschlicher Arbeitskraft betrieben wird, was zu sozialer Ungleichheit und auch zu Konflikten und Kriegen und Terrorismus führt, weshalb expansive Überwachungsstrategien verfolgt werden, die durch einen privatwirtschaftlich-staatlichen Komplex der Kontrolle von Staatsbürgerinnen und -bürgern gewährleistet werden, der zugleich für personalisierte Beeinflussung verwendet wird, die zu noch mehr Konsum und Hyperkonsum anleitet, was zu mehr Energie- und Materialverbrauch ...

Und die Folgen nennen wir dann »Krisen«. Wir haben also eine Klimakrise, eine Flüchtlingskrise, eine Eurokrise, eine Griechenlandkrise, Südeuropa hat eine Wachstumskrise usw. usf. Aber das sind keine Krisen. Die Sache mit dem Klimawandel werden wir ja nicht los. Das Klima ist träge, sein Wandel folgt den Emissionsmengen mit dem Abstand von etwa einer Generation. Was wir heute als Wandel sehen, ist das Ergebnis des industriellen Stoffwechsels vor dreißig bis fünfzig Jahren. Was heute emittiert wird, bestimmt erst das Klima in der zweiten Hälfte des 21. Jahrhunderts. Und was die Flüchtlinge angeht: Wieso sollten die Zahlen zurückgehen? Sie hängen mit Kriegen, Bürgerkriegen, Vertreibungen, Landverlusten, Folgen des Klimawandels, steigenden Nahrungsmittelpreisen, wachsendem Bevölkerungsdruck zusammen – wieso sollte sich daran in Zukunft etwas ändern? Die Eurokrise ist wie die Griechenlandkrise ein ungelöstes Problem, das durch immer neue Schulden weiter in die Zukunft verschoben wird – wo wäre das Ende der Krise? Das Prinzip der Wachstumswirtschaft breitet sich mit ungeheurer Dynamik weltweit aus – wie sollten die ökologischen Folgen – Artenrückgang, Überfischung, Versalzung von Flüssen, Versauerung der Meere – weniger werden?

Man könnte das jetzt beliebig fortsetzen, aber man erkennt auch so ohne Mühe: Das wird nicht einfach wieder gut. Das sind keine Krisen. Das ist ein Wandlungsprozess. Was die Welt des kapitalistischen Westens, also Europas und Nordamerikas, zusammengehalten hat, was hinsichtlich Freiheit, Demokratie und Rechtsstaatlichkeit als extrem erfolgreiches Zivilisationsmodell gelten konnte, das hält nicht mehr zusammen. Es gibt Kräfte, die neu dazugekommen sind, geopolitisch, und Kräfte, die sich im Inneren herangebildet haben, finanz- und informationspolitisch. Dieser Kapitalismus ist nicht der, den wir kannten. Er ist räuberischer, desintegrativer, zerstörerischer denn je. Aber das finden nicht alle schlecht.

Es sieht nicht gut aus mit der Zukunft im 21. Jahrhundert, womöglich sind wir wirklich »pre-end«. Aber in einer ungleichen Welt trifft auch das Ende unterschiedliche Menschen zu unterschiedlichen Zeitpunkten, und für einige bedeutet »pre-end« eine phantastische Gelegenheit, gute Geschäfte zu machen. Warum? Weil eine der banalsten Wahrheiten im Kapitalismus darin liegt, dass Angebot und Nachfrage den Preis regeln, weshalb knapper werdende Ressourcen zwar schlecht für viele Menschen sind, für einige aber, die Zugang zu diesen Ressourcen haben, sehr gut. Mehr noch: Wenn Ressourcen knapper werden, verstärken sich die Vorteile, die starke Gruppen, Konzerne und Einzelpersonen haben, gegenüber denen, die schwächer sind, ihre Macht- und Organisationsvorteile nämlich. Die Rechnung ist ganz einfach: Der Nachteil der einen ist der Vorteil der anderen.

Den Starken, die die Macht- und Organisationsvorteile haben, wachsen von Tag zu Tag mehr Machtpotentiale zu. Das liegt zum einen am Kapital, das sie haben, zum anderen an den Daten, über die sie verfügen. Beides bedeutet eine Dynamisierung der Möglichkeiten, mit denen man Macht steigern kann. Das nennt man »smart«.

Die Ergebnisse, die aus diesen Vorgängen folgen, machen die meisten Menschen ärmer, dümmer, ohnmächtiger und zerstören ihre Überlebensbedingungen. Oder die derjenigen, die nach ihnen geboren sind und werden. Diesen Vorgang nennt man Raubbau. Oder Landnahme.

Aber diese Begriffe klingen irgendwie sehr alt im Angesicht dessen, was gerade geschieht. Wir haben es mit einem Geschehen zu tun, das schwer zu überblicken ist; einem Geschehen, in dem nationalstaatlicher Einfluss ebenso auf dem Rückzug ist wie Demokratie. Dafür sind Ungleichheit und Ungerechtigkeit auf dem Vormarsch, genauso wie eine Art Neo-Feudalismus, in dem gilt, dass die Schwächeren einfach das Pech gehabt haben, schwächer zu sein. Schicksal. Diese neue Ordnung steht, anders als der historische Feudalismus, nicht auf einem religiösen Fundament, wird nicht als gottgegeben annonciert. Gleichwohl sind Glück und Pech auch hier von einer höheren Macht verteilt, die fordert, dass man an sie glaubt. Sie heißt Markt. Die Forderung, an diese Macht zu glauben, ist antimodern, gegenaufklärerisch, gestrig.

Hier entsteht ein neuer Typ von Diktatur. Die smarte Diktatur. Und wenn man nicht gegen sie kämpft, bedeutet das: das Ende der Freiheit.

Anmerkungen

1 Odo Marquard, »Skepsis in der Moderne. Philosophische Studien«, Stuttgart 2007.
2 Jonathan Franzen, »Freiheit«, Reinbek bei Hamburg 2010, S. 283.

CAROLIN EMCKE
»Homogen«

»Heimat ist das, wovon man ausgeht / Wenn wir älter werden, / wird die Welt immer fremder, verworrener das Gefüge.«
T. S. Eliot, *Vier Quartette*

Das *Buch der Richter* erzählt die alte und immer noch aktuelle Geschichte vom Ausgrenzen eines Anderen: »Und die Gileaditer besetzten die Furten des Jordans vor Ephraim. Wenn nun einer von den Flüchtlingen Ephraims sprach: Lass mich hinübergehen!, so sprachen die Männer von Gilead zu ihm: Bist du ein Ephraimiter? Wenn er dann antwortete: Nein!, ließen sie ihn sprechen: Schibbolet. Sprach er aber: Sibbolet, weil er's nicht richtig aussprechen konnte, dann ergriffen sie ihn und erschlugen ihn an den Furten des Jordans, so dass zu der Zeit von Ephraim fielen zweiundvierzigtausend.« (*Buch der Richter* 12,5–6)

Das eine Wort »Schibboleth« (hebräisch für »Getreideähre«) soll also entscheiden, wer die Schwelle überschreiten darf – wer zugehörig ist und wer nicht. Es reicht nicht der *Wunsch* dazuzugehören, es reicht nicht, die eigene Herkunft aufzugeben und sich zu einer neuen Heimat zu bekennen. Sondern eine solche Aussage wird überprüft. Das Wort »Schibboleth«, das die einen zutreffend aussprechen können und die anderen nicht, diese zufällige Fähigkeit oder Unfähigkeit entscheidet darüber, wer zum Freund erklärt wird und wer nicht. Das eine Wort ist die Parole, die das »Wir« vom »Sie«, die »Einheimischen« von »Fremden« trennt.

Für die Ephraimiter, so erzählt es uns das *Buch der Richter*, war die Aufgabe so existentiell wie unlösbar. Ihr Passierschein über den Fluss Jordan hing an einem winzigen Detail: am *Schi* in Schibboleth. Sprachen sie das Losungswort, klang es bei ihnen falsch. »Sie machten sich dadurch bemerkbar, dass sie ein solcherart codiertes Merkmal nicht (wieder) bemerken konnten.«[1] Das Kriterium der Zugehörigkeit ist also etwas, das den einen gegeben ist und den anderen nicht. Es ist für die Menschen aus Ephraim offensichtlich nichts, zu dem es sich bekennen ließe. Nichts, das sich aneignen oder einüben ließe. Es gibt nur *eine* einmalige Gelegenheit und eine unlösbare Aufgabe. Nichts an der alten Geschichte gibt Aufschluss darüber, was einen Gileaditer sonst ausmachen könnte. Keine religiösen oder kulturellen Überzeugungen, keine rituellen Gewohnheiten oder Praktiken, nichts wird erwähnt, was ihre Lebenswelt und Gemeinschaft bestimmen könnte. Es werden auch keine Gründe angeführt, warum die Ephraimiter unpassend, nicht integrierbar oder gar gefährlich sein sollten. Es ist ein so willkürliches wie unüberwindbares Merkmal der Differenz, das mit dem Wort Schibboleth gewählt wurde – und durch das Menschen nicht nur als Andere, sondern als Feinde herabgesetzt oder verletzt werden dürfen.

Die alte Geschichte vom Schibboleth ist auch heute noch aktuell, denn sie erzählt von all den willkürlichen Weisen, durch die Gesellschaften einzelne Menschen oder Gruppen abwehren und abwerten können. Sie lässt sich übertragen auf die Mechanismen anti-liberalen oder fanatischen Denkens, das exklusive Normen und Codes erfindet, die vorgeblich die einzig richtige Form des Glaubens, die einzig berechtigte Zugehörigkeit zu einer Kultur, zu einer Nation, zu einer sozialen Ordnung definieren und diese mit einer Legitimation zur Gewalt gegen alles davon Abweichende ausstatten. Die Codes mögen sich unterscheiden wie auch die Folgen der Ausgrenzung, aber die Techniken des Ein- und Ausschließens ähneln sich. Welche Normen, welche Trennlinien in einer Erzählung verdichtet werden, um »uns« von den »Anderen« abzusetzen, ob damit soziale Anerkennung beschränkt oder gar Bürgerrechte beschnitten werden, das variiert. Manchmal stigmatisieren diese Schibboleths »nur«. Manchmal rechtfertigen oder initiieren sie gar Gewalt.

Nun ist per se nichts Problematisches daran, Praktiken und Überzeugungen zu finden, die eine soziale oder kulturelle Gemeinschaft ausmachen. Natürlich stellen private Gruppen oder Organisationen ihre eigenen Zugangsregeln auf. Und so definieren auch religiöse Gemeinschaften bestimmte Rituale und Glaubenssätze, die die Besonderheit der eigenen Religion auszeichnen sollen. Dazu gehört für manche das Einhalten festgelegter Ruhetage, für andere Kleidungsvorschriften, für manche ist das ritualisierte Beten so elementar wie das barmherzige Almosenspenden, manche glauben an die Dreifaltigkeit, andere an die Reinkarnation. Natürlich definieren diese Praktiken oder Überzeugungen auch Trennlinien zwischen denen, die dazugehören (wollen), und denen, die nicht dazugehören (wollen). So möchten und können sich Protestanten von Katholiken unterscheiden oder die Anhänger des Mahayana von denen des Theravada. Das ist völlig legitim. Allerdings sind all diese Bestimmungen intern umstrittener und über die historische Zeit (und verschiedene Generationen) fragiler, als gern zugegeben wird. Aber vor allem sind diese

Gemeinschaften potentiell offen für diejenigen, die sich ihnen zuwenden wollen. Sie erfinden und tradieren Narrative, die Schwellen des Eintritts und des Übergangs erlauben. Und aus den Unterschieden zu anderen Gemeinschaften folgt nicht automatisch eine Ermächtigung zur Gewalt.[2]

Was mich hier hingegen interessiert, sind jene Erzählungen, in denen soziale, kulturelle, körperliche Codes erfunden werden, die vorgeblich einen demokratischen Staat, eine Nation, eine soziale Ordnung charakterisieren und zugleich einzelne Menschen oder ganze Gruppen für »fremd« oder *feindlich* erklären und sie aus einer Rechtsgemeinschaft ausschließen. Mich interessieren die gegenwärtig zu beobachtenden Dynamiken der Radikalisierung von Weltbildern oder Ideologien, die wiederkehrenden Motive und Begriffe, mit denen soziale Bewegungen oder politische Akteure ihre zunehmend fanatischen Positionen (und mitunter auch ihre Gewalt) zu begründen versuchen. Mich beschäftigen die Strategien der Konstruktion der »echten« Nation, Kultur, Gemeinschaft – und der »unechten« Anderen, die abgewertet oder angegriffen werden dürfen.

»Die Verschiedenheit verkommt zur Ungleichheit, die Gleichheit zur Identität«, schreibt Tzvetan Todorow in *Die Eroberung Amerikas*, »dies sind die beiden großen Figuren, die den Raum der Beziehung zum Anderen unentrinnbar eingrenzen.«[3]

Todorow erfasst das anti-liberale Moment sehr genau – wie optische oder religiöse oder sexuelle oder kulturelle Verschiedenheiten zwischen Menschen nicht einfach das bleiben: *Verschiedenheiten* zwischen Menschen oder Gruppen. Sondern wie aus der Verschiedenheit *soziale oder rechtliche Ungleichheit* abgeleitet wird. Wie diejenigen, die auch nur im geringsten Maße abweichen von einem selbst oder einer als Norm verstandenen Mehrheit, nicht nur einfach als »anders«, sondern wie sie auf einmal als »falsch« wahrgenommen und damit zu Schutzlosen deklariert werden. Wie nur die eine absolute Gleichheit einer Identität zählen soll – und alles andere angeblich ausgeschlossen und abgelehnt gehört.

Was sind das für Konstellationen in der Gegenwart, in denen zufällige oder angeborene Unterschiede ausgesucht werden, um daran soziale Anerkennung oder gar Menschen- und Bürgerrechte zu koppeln? Was geschieht, wenn soziale Bewegungen oder politische Gemeinschaften Kriterien für Gleichbehandlung in einem demokratischen Staat festlegen wollen, die nur ein *bestimmter* Ausschnitt der Bürger einer Gesellschaft, nur Menschen mit einem bestimmten Körper, einer bestimmten Art zu glauben oder zu lieben oder zu sprechen, erfüllen. Und wenn durch diese Merkmale ausgemacht sein soll, wem volle Menschen- oder Bürgerrechte zugestanden werden und wer missachtet und misshandelt, vertrieben oder getötet werden darf?

Um es an surrealen Beispielen zu illustrieren: Wenn in der Bundesrepublik nur Linkshändern das Recht auf Meinungsäußerung zugestanden würde, wenn nur Personen mit absolutem Gehör eine Schreiner-Lehre absolvieren dürften, wenn nur Frauen vor Gericht als Zeuginnen zugelassen wären, wenn an öffentlichen Schulen nur jüdische Feiertage gelten würden, wenn nur homosexuelle Paare Kinder adoptieren dürften, wenn Menschen, die stottern, der Zugang zu öffentlichen Schwimmbädern verweigert würde, wenn Schalke-Fans das Recht auf Versammlungsfreiheit entzogen würde, wenn nur Menschen mit einer Schuhgröße von über 45 in den Polizeidienst aufgenommen würden – so lägen in jedem einzelnen Fall willkürliche Codes vor, die über soziale Anerkennung, Freiheitsrechte und Zugang zu Chancen und Positionen entscheiden. Es wäre leicht zu erkennen, dass die jeweiligen Kriterien für Zugehörigkeit oder Zugang irrelevant sind für die Fähigkeiten, derer es bedarf, um ein bestimmtes Amt auszuüben, eine Aufgabe zu übernehmen – oder grundsätzlich irrelevant sind für das Recht, ein freies, selbstbestimmtes Leben zu leben.

Viele der gängigen Diskriminierungen und Ausgrenzungen sind nicht weniger willkürlich und absurd als die in diesen Beispielen angeführten. Die Erzählungen, in denen sie vermittelt werden (oder die Gesetze, in die sie eingeschrieben sind), verfügen nur schon über eine so lange Tradition, die darin enthaltenen Schibboleths wurden schon so oft wiederholt, dass sie in ihrer Fragwürdigkeit nicht mehr auffallen. Die Normen, die einschließen und ausschließen, brauchen nur sehr alt zu sein, damit sie im toten Winkel der sozialen Wahrnehmung verschwinden. Andere Trennlinien, die »Einheimische« von »Fremden«, »richtige« von »falschen« Familien, »echte« Frauen von »unechten«, »authentische Europäerinnen und Europäer« von »inauthentischen Europäerinnen und Europäern«, »richtige Briten« von »falschen Briten«, eben ein »Wir« von einem »Anderen« scheiden, sind neu oder werden erst in letzter Zeit mit solcher Lautstärke in der Öffentlichkeit gefordert.[4]

Es lohnt sich, diese Mechanismen der Inklusion oder Exklusion in der Gegenwart anzuschauen: mit welchen Geschichten, welchen Losungsworten Menschen sortiert und bewertet werden. Wer dazugehören darf und wer nicht, wer eingeschlossen und wer ausgeschlossen, wem Macht zugedacht und wem Ohnmacht zugeordnet wird, wem Menschenrechte zuerkannt oder abgesprochen werden, das gehört vorbereitet und begründet in Dispositiven aus Gesagtem und Ungesagtem, in Gesten und Gesetzen, administrativen Vorgaben oder ästhetischen Setzungen, in Filmen und Bildern. Durch sie werden bestimmte Personen als akzeptabel, zugehörig, wertvoll und andere als minderwertig, fremd und feindlich beurteilt.

*

Besonders gern behaupten heutzutage bestimmte politische Bewegungen die eigene Identität als *homogen,* als *ursprünglich* (oder *natürlich*) oder als *rein*. Ob es eine Nation ist oder eine Region, die mit besonderer Autorität ausgestattet, ob es eine religiöse Gemeinschaft ist, die mit höherer Legitimität versehen werden soll, oder ein Volk, das exklusive Rechte für sich beanspruchen will – mindestens eines der Elemente *homogen*, *ursprünglich* oder *rein* taucht gewiss in der Selbstbeschreibung des beschworenen »Wir« auf (ob es die »ursprünglichen« Briten sind, die sich gegen die osteuropäischen Migrantinnen und Migranten abgrenzen wollen, die PEGIDA-Anhänger, die das »reine« Abendland gegen Muslime verteidigen wollen). Oft auch alle drei. Sie lassen sich in den unterschiedlichsten Bewegungen oder Gemeinschaften wiederfinden, und sie verweisen auf das illiberale Potential solcher Identitätspolitik. Sezessionistische Bewegungen, nationalistische Parteien oder pseudo-religiöse Fundamentalisten mögen sich gravierend in ihrer politischen Selbstverortung oder ihren Ambitionen unterscheiden, sie mögen auch verschiedene Handlungsstrategien (oder Gewalt) befürworten, aber sie alle treibt doch eine ähnliche Vorstellung von einer homogenen, ursprünglichen oder reinen Gemeinschaft um.

»Lange bevor die Sprache die Welt zerschneidet und ordnet, schmiedet sich der menschliche Geist ein Ordnungssystem aus Kategorien zurecht.«
　　　　Aleida Assmann, *Ähnlichkeit als Performanz*

Fast alle nationalkonservativen oder rechtspopulistischen Parteien, die in Europa in lokalen oder nationalen Wahlen erfolgreich waren, die »Freiheitspartei« in den Niederlanden (2012: 10,1 %), der »Front National« in Frankreich (2012: 13,6 %), die »FPÖ« in Österreich (2013: 20,5 %), »Fidesz« in Ungarn (2014: 44,9 % – Regierungsführung), »Ukip« in Großbritannien (2015: 12,6 %), die »Schwedendemokraten« in Schweden (2015: 12,9 %), die Partei »Wahre Finnen« in Finnland (2015: 17,7 % – Regierungsbeteiligung), die »Dänische Volkspartei« in Dänemark (2015: 21,2 % – Regierungsbeteiligung), die »Schweizerische Volkspartei« in der Schweiz (2015: 29,4 % – Regierungsbeteiligung) und die »PiS – Recht und Gerechtigkeit« in Polen (2015: 37,6 % – Regierungsführung), argumentieren mit der (Wunsch-)Vorstellung einer kulturell oder religiös *homogenen* Nation oder wahlweise eines *homogenen* Volks.

Der Rekurs auf den Begriff des »Volks« ist erst einmal vieldeutig. Was ist damit gemeint? Wer soll das sein: »das Volk«? Manche politischen Bewegungen, die sich auf »das Volk« berufen, verbinden damit keineswegs antidemokratische oder exklusive, sondern emanzipatorische und inklusive Absichten. Sie artikulieren eher den Satz »Wir sind *auch* das Volk«. Sie fühlen sich ganz oder teilweise durch politische Praktiken oder Gesetze ausgeschlossen, die sie zwar betreffen, sie aber nicht ausreichend in die Entscheidungsfindungsprozesse mit einbeziehen. Sie fühlen sich nicht nur politisch, sondern auch medial nicht ausreichend repräsentiert. Viele soziale und politische Bewegungen (ganz gleich, ob sie sich eher links oder eher rechts verorten) kritisieren in der parlamentarischen Demokratie ihrer Staaten oder in der Europäischen Union fehlende Bürgerbeteiligung, sie bemängeln nicht ausreichende Rückbindung politischer Entscheidungen an öffentliche (also transparente) Willensbildungsprozesse und beklagen Legitimationsdefizite auf der Ebene der politischen Konstruktion (der EU). In dieser Kritik appellieren sie an das republikanische Versprechen der Volkssouveränität.

In der Tradition Jean Bodins und Jean-Jacques Rousseaus ist »das Volk« als eine Gemeinschaft aus Freien und Gleichen gedacht und mit einer Souveränität ausgestattet, die es nicht abtreten kann. In dieser Konzeption von Volkssouveränität geht die gesetzgebende Gewalt direkt von den selbstbestimmten Bürgern und nicht von deren Repräsentanten aus. Hier wird noch ein tatsächlich anwesendes Volk vorgestellt, das über sein eigenes Geschick verhandeln und entscheiden kann. Dazu bedarf es politischer Willensbildungsprozesse, die – als dauernd sich erneuernder Gründungsakt – das politische Gemeinwesen eigentlich erst schaffen. In dieser republikanischen Tradition ist das Volk also nicht unbedingt etwas Gegebenes, sondern etwas, das sich durch die Auseinandersetzung miteinander entwickelt und in einem Gesellschaftsvertrag erst konstituiert.[5]

*

Allerdings war auch dieses Modell eines Volks aus Freien und Gleichen historisch eine Fiktion. Nie galten wirklich *alle* Menschen als Freie und Gleiche. Oder um es deutlicher zu sagen: Nie galten alle Menschen als Menschen. Zwar ersetzten die französischen Revolutionäre mit dem souveränen Volk die Leerstelle des Monarchen, aber der Entwurf der demokratischen Gesellschaft war eben leider nie so inklusiv wie behauptet. Frauen und sogenannte »Fremde« blieben von den bürgerlichen Rechten so selbstverständlich ausgeschlossen, dass es kaum einer expliziten Begründung bedurfte. Auch das demokratische Volk und die Nation, die gerade mit den Privilegien der alten Stände abrechnen wollte, konnte sich letztlich nur durch Distinktion von einem Anderen formieren.

Das zeigt sich nicht zuletzt in der Sprache, in der diese Idee des souveränen Volks und die Geschichte des Gesellschaftsvertrags der Freien und Gleichen erzählt wird: Früh wird die politische Ordnung in Begriffen der *Körperlichkeit* beschrieben. Was als demokratischer Wille von allen (also allen autonomen Individuen) gedacht war, verwandelt sich unversehens in den Willen des Ganzen (also eines unbestimmten Kollektivs).[6] Aus einer Vielfalt singulärer Stimmen und Perspektiven, die in der Auseinandersetzung miteinander gemeinsame Positionen und Überzeugungen erst ermitteln und aushandeln müssen, wird die homogene Einheit des Ganzen. Das sprachliche Bild der Gesellschaft als *Körperschaft* legt dabei Assoziationen nahe, die politisch folgenreich sind: Ein Körper ist fest und abgeschlossen. Einen Körper umgibt eine Haut, die ihn begrenzt. Ein Körper ist anfällig für Krankheiten, die durch Keime und Bakterien ausgelöst werden. Ein Körper muss gesund und geschützt sein vor Epidemien. Vor allem aber ist ein Körper ein einheitliches Ganzes.

Diese Biologisierung der politischen Sprache (und damit auch der politischen Phantasie) befördert und verbindet sich mit Vorstellungen von Hygiene, die aus dem Kontext der medizinischen Versorgung des menschlichen Körpers übertragen werden auf eine Gesellschaft: So wird kulturelle oder religiöse Vielfalt betrachtet, als gefährde sie die nationale Gesundheit eines homogenen Volkskörpers. Einmal in diesem Raster der biopolitischen Wahrnehmung gefangen, grassieren prompt auch Ängste vor Ansteckung durch das abweichende »Fremde«. Jede Andersartigkeit bleibt nicht nur anders, sondern affiziert und kontaminiert den gesunden, homogenen Körper der Nation. Es ist eine eigenwillig hypochondrische Identität, die mit dieser Denkfigur entsteht, denn sie fürchtet immer die Infizierung durch andere Praktiken und Überzeugungen. Als ob jede Andersartigkeit, jede Abweichung von der wie auch immer definierten nationalen Norm sich quasi durch kulturelle oder religiöse Tröpfcheninfektion epidemisch ausbreitete. Es spricht nicht gerade für ein besonders intaktes »kulturelles Immunsystem« (um in diesem Metaphernfeld zu bleiben), wenn jede Begegnung mit anderen Körpern gleich als Bedrohung gefürchtet und gemieden werden muss. Die biopolitische Phantasie des Volkskörpers, der gesund bleiben muss, befördert Ängste noch vor der geringsten Verschiedenheit.

Das erklärt, warum in der Gegenwart manche bereits eine religiöse Kopfbedeckung, ob Kippa oder Schleier, in ihrem Selbstverständnis verunsichert. Als würde allein der Anblick des Kopftuchs (eines *Hijab*) einer Muslima oder der Kippa eines Juden dazu führen, dass christliche Gläubige sich als Christen auflösten. Als ob so ein Kopftuch wanderte: vom Kopf derjenigen, die es trägt, hinüber zu denen, die es anschauen. Das wäre witzig, wenn es nicht so absurd wäre. Während die eine Argumentationslinie gegen das Kopftuch noch behauptet, der Schleier unterdrücke *per se* die Frau (und damit unterstellt, es könne keine Frau je freiwillig ein Kopftuch tragen wollen) und gehöre deswegen verboten, sehen andere *sich selbst* und die säkulare Gesellschaft durch das Kopftuch bedroht.[7] Als würde das Stück Stoff nicht nur die belasten, die es tragen, sondern auch die, die es aus der Ferne anschauen. Dabei verkennen beide Einwände, dass die vermutete Unterdrückung nicht von einem Kopftuch an sich ausgehen kann, sondern nur von jenen Personen oder Strukturen, die eine Frau nötigen und ihr gegen ihren Wunsch eine bestimmte Praxis aufdrängen. Insofern können beide Anordnungen gleichermaßen zwanghaft daherkommen: der aus einem patriarchal-religiösen Milieu formulierte Befehl, ein Kopftuch zu tragen, ebenso wie der aus einem paternalistisch-antireligiösen Milieu formulierte Befehl, *keins* zu tragen.

Eine säkulare Gesellschaft, die das Recht auf freie Religionsausübung garantiert und gleichzeitig die Rechte von Mädchen und Frauen schützen und fördern will, sollte sich vielmehr immer daran orientieren, die Selbstbestimmung der Frauen ernst zu nehmen. Und das heißt eben auch: anzuerkennen, dass es Frauen geben kann, die sich eine (wie auch immer ausgestaltete) fromme Lebensweise oder eine bestimmte Praxis *wünschen*. Es steht anderen nicht zu, im Falle des Kopftuchs, diesen Wunsch *per se* für irrational, undemokratisch, widersinnig oder unmöglich zu erklären. Dieser Wunsch verdient ebensolchen Respekt, ebensolchen Schutz, wie der Wunsch, sich *gegen* eine so verstandene Frömmigkeit (oder Praxis) und damit womöglich gegen die eigene traditionell-religiöse Familie zu stellen. Die subjektiven Rechte von beiden Entscheidungen und Lebens-Entwürfen sollten in den liberalen Gesellschaften Europas die gleiche Achtung verdienen. Etwas komplizierter ist es dagegen beim Tragen des Kopftuchs im öffentlichen Dienst, weil hier die Grundrechte der Einzelnen aus Art. 4 Abs. 1 und 2 des Grundgesetzes, wonach die Freiheit, Glauben, Gewissen, Religion und Weltanschauung auszuüben, geschützt wird, und die Verpflichtung des Staates zu religiös-weltanschaulicher Neutralität in möglichen Widerspruch geraten. Diese Frage unterscheidet sich allerdings nicht von der, die das Tragen von christlichen Kreuzen um den Hals in Klassenzimmern aufwirft.[8]

Warum aber sollten Kopfbedeckungen jenseits davon so nervös machen? Schließlich zeigen diese kulturellen oder religiösen Symbole lediglich an: dass auch Menschen existieren, die anders glauben. Ist das der Grund, warum sie so irritieren? Weil sich die Vielfalt weniger leugnen lässt, wenn sie auch in der Öffentlichkeit sichtbar wird? Solange diejenigen, die von der vorgegebenen Norm der Nation abweichen, nicht mehr nur im Verborgenen und im Stillen existieren, sondern wenn sie im Alltag sicht- und hörbar werden: Wenn sie in Filmen auftauchen (nicht als problematisiertes Sonderthema, sondern ganz selbstverständlich als Haupt- oder Nebenfiguren), wenn sie in Schulbüchern beschrieben werden als *ein* Beispiel für *eine* Form zu glauben oder zu lieben oder auszusehen, wenn andere Toiletten eingerichtet werden und damit deutlich wird, dass die bisherigen Konstruktionen nicht verallgemeinerbar waren (weil es eben nicht für alle gleich angenehm war, sie zu benutzen) – dann wird der imaginäre Volkskörper nicht bedroht. Es tritt lediglich die normale Vielfalt einer modernen Gesellschaft heraus aus der Unsichtbarkeit im Schatten der Norm.

Etwas anderes ist es, wenn Menschenrechtsverletzungen als vermeintlich religiös gebotene Praktiken verklärt werden sollen. Bei solcher Art Konflikten muss der Rechtsstaat die Rechte der Einzelnen gegen die Ansprüche eines religiösen Kollektivs oder auch gegenüber der Familie der Betroffenen durchsetzen: bei der furchtbaren Praxis der Klitorisbeschneidungen oder auch bei Kinderehen ist ein solches Eingreifen des Staates – im Namen des Grundgesetzes – nicht nur gestattet, sondern auch erforderlich. Ein kulturelles Gewohnheitsrecht kann und darf nicht die Menschenrechte aushebeln.

*

Die politischen und sozialen Akteure, die in Europa gegenwärtig wieder an das »Volk« und die »Nation« appellieren, führen den Begriff ausdrücklich eng: Das »Volk« wird nicht als *demos* aufgefasst, sondern meistens als *ethnos*, als Angehörige eines Clans mit (mindestens behaupteter) gemeinsamer Herkunft, Sprache und Kultur. Jene Parteien und Bewegungen, die von einem *homogenen* Volk oder einer *homogenen* Nation träumen, wollen die Idee einer (supra-nationalen oder nationalen) Rechtsgemeinschaft aus Freien und Gleichen geradewegs »rückabwickeln«.[9] Sie wollen die Gesellschaft nicht durch horizontale, sondern vertikale Achsen verbunden sehen: Die ethnische und religiöse Herkunft sollen die Zugehörigkeit zum Wir bestimmen – und nicht das gemeinsame Handeln, nicht der gemeinsame Bezug auf eine Verfassung, nicht die offenen Prozesse einer deliberativen Demokratie. Das Recht auf Teilnahme wird vererbt. Und wer es nicht erben konnte, weil die eigenen Eltern oder Großeltern erst eingewandert sind, dem werden besondere Leistungen, besondere Bekenntnisse, besondere Anpassungen an Normen abverlangt, die für andere nicht oder nicht so gelten.

Warum eine homogene Kultur oder Nation für einen modernen Staat *grundsätzlich* besser sein sollte als eine heterogene, wird selten begründet. Dabei könnte durchaus interessant sein, ob eine religiös einheitliche Gesellschaft erfolgreicher wirtschaftet, ob eine kulturell einheitliche Gesellschaft ökologische Krisen leichter bewältigt, ob sie weniger soziale Ungerechtigkeit zwischen ihren Angehörigen produziert, ob sie sich als politisch stabilere Ordnung erweist oder ob sich die

Mitglieder auch nur wechselseitig mehr respektieren – die Argumente dafür wären ja wichtig. Oft ist dagegen die »Begründung« für das homogene Wir schlicht tautologisch: Eine homogene Nation sei besser, weil sie homogen sei.[10] Manchmal wird auch argumentiert, die eigene Mehrheit würde bald eine Minderheit sein, die Ausgrenzung der Anderen sei gleichsam nur kulturelle oder religiöse Präventionsarbeit. Die Slogans der NPD und inzwischen auch der AfD, aber auch die von »Ukip« in England oder dem »Front National« in Frankreich, arbeiten mit diesem Szenario: Die Nation würde nicht einfach nur dynamisch und heterogen, sondern sie würde »verkleinert«, »unterdrückt« oder »ersetzt« durch die, die nach biologistischen, rassistischen Begriffen als »Andere« klassifiziert werden. Aber darin verbirgt sich immer noch kein Argument, *warum* Homogenität so bedeutsam sein sollte. Es unterstellt lediglich den vermeintlich »Anderen« die eigene Missachtung für Vielfalt und Hybridität.

Viel kurioser an dieser Vorstellung einer kulturell oder religiös homogenen Nation in einem modernen Staat, wie sie zurzeit wieder herbeigesehnt wird, ist, wie ahistorisch und kontrafaktisch sie ist. Die angeblich homogene Ur-Zelle einer Nation, in der alle »Einheimische« sind, in der es keine Zugezogenen gibt, keine Vielsprachigkeit, keine unterschiedlichen Bräuche oder Traditionen und keine verschiedenen Konfessionen – wann soll es das zuletzt in einem Nationalstaat gegeben haben? Wo? Diese organische Einheitlichkeit, die der »Nation« da unterstellt wird, ist eine überaus wirkungsmächtige, aber phantasievolle Konstruktion.[11] Was immer als Nation erwünscht und gefeiert wird, entspricht kaum je einer gegebenen Gemeinschaft, sondern ist immer die Herstellung des Bildes einer Nation – und der anschließenden Annäherung (und Transformation) einer Gesellschaft an dieses Bild. Es gibt in diesem Sinne kein Original, sondern alles ist immer nur der Beschluss, ein vermeintliches Original zu erfinden, auf das man sich verständigt und dem es zu ähneln gilt.

Wie Benedict Anderson in seinem berühmten Buch *Imagined Communities* erläutert hat, sind alle Gemeinschaften jenseits archaischer Dörfer letztlich »vorgestellte Gemeinschaften«. Auch die Mitglieder einer jeden modernen Nation teilen faktisch weitaus weniger gemeinsame ethnische oder kulturelle Bezüge (wie Sprache, Herkunft, Religion) als vielmehr die Phantasie der gemeinsamen Zugehörigkeit. »Sie ist vorgestellt, weil sogar die Bürger der kleinsten Nation niemals die Mehrheit ihrer Mitbürger kennen, treffen oder von ihnen hören werden und dennoch in ihrem Bewusstsein das Bild einer Gemeinschaft lebendig ist.«[12]

Die national-konservativen und nationalistischen Parteien in Europa behaupten dagegen eine *Eindeutigkeit* der eigenen Tradition, die alles begradigen muss, was eher von den Brüchen, den Ambivalenzen, der Vielstimmigkeit der eigenen Geschichte erzählt. Das ist einer der Gründe, warum die politischen Akteure mit einer nationalistischen Agenda in Europa sich besonders für die Geschichtsinstitute, die Museen, die Kulturinstitutionen, die Bildungseinrichtungen und Schulbücher ihrer Staaten interessieren: Weil ihnen all jene Stimmen und Perspektiven unbehaglich sind, die ihrer Konstruktion einer homogenen Nation oder eines homogenen Volkes widersprechen. Insofern wundert es nicht, dass die Regierungspartei in Polen, PiS, solchen Wert auf Feierlichkeiten wie das »Jubiläum der Christianisierung Polens« legt oder in Ungarn nicht nur versucht wird, die unabhängigen Medien mit Gesetzen in ihrer Arbeit einzuschränken, sondern bei der Postenvergabe in Kultureinrichtungen wie Theatern vor allem jene

Kandidaten durchzusetzen, die mit ihren künstlerischen Produktionen das neo-nationalistische Narrativ nicht in Frage stellen. Auch die AfD adressiert in ihrem Parteiprogramm ausdrücklich die Kulturinstitutionen als Instrumente eines substantiell aufgeladenen Begriffs nationaler Identität.

Aber die Homogenität des deutschen Volks oder der deutschen Nation, der sich AfD oder PEGIDA verpflichtet fühlen, gibt es nicht. Sie lässt sich nur herstellen durch Ausgrenzung aller als vermeintlich »un-deutsch« oder »nicht-abendländisch« Deklarierten. So wird mit diversen Schibboleths gearbeitet, um die Trennlinien einzuziehen, die »echte« Deutsche von »unechten« Deutschen unterscheiden sollen. Zu diesem Zweck ist nichts zu kleinteilig oder zu absurd. Bei einer Demonstration von PEGIDA in Dresden spazierte ein Teilnehmer mit einem Stab durch die Straßen, auf dem ein kleines, rosafarbenes Spielzeugferkel thronte. Ein anderer trug eine wollene Schweinskopfmütze. Ein Schweinchen als Galionsfigur des Abendlandes? Darauf schrumpft die kulturell-ideologische Ambition zusammen? Nichts gegen Schweine, aber wenn tatsächlich der Verzehr von Schweinefleisch ein entscheidendes Merkmal abendländischer Identität sein soll, dann ist doch Sorge um das Abendland angebracht. Das Herumtragen von Spielzeugferkelchen auf Demonstrationen ist im Übrigen noch ein harmloses Beispiel: An vielen Orten in der Bundesrepublik, an denen Moscheen stehen oder errichtet werden sollen, wurden in den vergangenen Monaten abgeschnittene Schweineköpfe deponiert. Dabei ist dieser neue Fetisch Schweinefleisch nicht nur ein Schibboleth, mit dem Muslime gegängelt und beleidigt werden sollen, sondern natürlich auch ein traditioneller Topos des Antisemitismus.

Die Episode um die Gesichter auf den Kinderschokoladen-Verpackungen im Mai 2016 illustriert vielleicht noch deutlicher, was für eine Sorte völkischer Nation hier imaginiert wird: eine, die sich nur rassistisch als eine Gemeinschaft aus Weißen und Christen gespiegelt sehen will.[13] Als vor der Fußball-Europameisterschaft in Frankreich die Firma Ferrero anstelle des bekannten blonden Jungen die Kinderbilder der Fußball-Nationalspieler auf der Kinderschokolade präsentierte – darunter Ilkay Gündoğan, Sami Khedira und Jérôme Boateng –, protestierte ein PEGIDA-Ableger aus Baden-Württemberg gegen diese Aktion. Als Werbeträger sollten schwarze Deutsche ebenso wenig sichtbar werden wie muslimische Deutsche, weil sie das konstruierte Bild der homogenen Nation, des »reinen« Volks irritieren.

Die Abneigung gegen eine heterogene Gesellschaft, ein Volk aus freien und gleichen Staatsbürgerinnen und Staatsbürgern, die sich ein Grundgesetz und eine demokratische Praxis teilen, artikulieren nicht nur die politischen Akteure von PEGIDA oder der AfD. Auch der ausgesprochene und wieder vergessene oder auch nur ihm zugeschriebene Satz des Stellvertretenden Vorsitzenden der AfD, Alexander Gauland, »die Leute« schätzten den Fußballer Boateng, aber sie wollten ihn »nicht als Nachbarn« haben (der übrigens nicht Boateng »beleidigte«, wie suggeriert wurde, denn über diesen wird in dem Satz ja gar nichts gesagt, sondern die sogenannten »Leute«, denen zugeschrieben wurde, sie lehnten einen schwarzen Nachbarn ab), beschrieb ja keineswegs unzutreffend einen Alltagsrassismus in der Bundesrepublik, der sich in Studien auch empirisch belegen und quantifizieren lässt.[14] Der Aussage »Menschen mit dunkler Hautfarbe passen nicht nach Deutschland« stimmten in einer (allerdings etwas älteren) repräsentativen Umfrage 26 % der Befragten zu. Insofern hätte der Satz von Alexander Gauland durchaus eine kritische Analyse der rassistischen Einstellungen beabsichtigen können. An dem praktisch kontextlosen Zitat ist das nicht abzulesen. Es lässt sich allerdings vermuten, dass es Alexander Gauland weniger um ein Hinterfragen von Ressentiments und Vorurteilen ging, als darum, sie zu schützen und als vermeintlich ernstzunehmende Sorgen zu legitimieren.

Wenige Tage später kommentierte Alexander Gauland dann im SPIEGEL die Reise des gläubigen Nationalspielers Mesut Özil nach Mekka. »Da mich Fußball nicht interessiert, ist mir relativ egal, wo Herr Özil hinwandert. Aber bei Beamten, Lehrern, Politikern und Entscheidungsträgern würde ich sehr wohl die Frage stellen: ist jemand, der nach Mekka geht, in einer deutschen Demokratie richtig aufgehoben?« Auf Nachfrage erläutert der stellvertretende AfD-Vorsitzende seine Position: »Ich muss fragen dürfen, wo die Loyalität dieses Menschen liegt. Liegt sie beim deutschen Grundgesetz? Oder liegt sie beim Islam, der ein politischer Islam ist? Und will er, wenn er um die Kaaba wandert, zeigen, dass er diesem politischen Islam nahesteht? Aber Fußballer wie Herr Özil sind für mich keine Entscheidungsträger.«[15]

Zunächst einmal erstaunt, wie oft Alexander Gauland betont, dass ihn Fußball nicht interessiere. Das ist legitim. Aber es spielt für seine Argumentationslinie/n keine Rolle. Wenn, wie Gauland insinuiert, der Islam und die Demokratie miteinander unvereinbar seien, dann müsste ein gläubiger Muslim, ganz gleich ob Fußballspieler oder Richter am Oberverwaltungsgericht, gleichermaßen problematisch sein. Mit Blick auf die Prominenz eines Nationalspielers sollte sich Herr Gauland im Übrigen mehr um den Einfluss des Fußballers sorgen als um den eines Beamten. Aber gut. Das Problem an Gaulands Position besteht darin, dass sie nicht Mesut Özils Loyalität in Frage stellt, sondern Gaulands. Denn er ist es, dessen Aussagen nicht mit dem Grundgesetz in Einklang stehen. Alle Staatsbürger dürfen ihre Religion frei ausleben, und dazu gehören Pilgerreisen auf dem Jakobsweg wie solche nach Mekka. Das weiß auch Alexander Gauland. Deswegen muss er gleichzeitig bezweifeln, dass Muslime einer Glaubensgemeinschaft angehören, ja, er muss dem Islam absprechen, eine Religion zu sein. Zum »Beleg« für seine These zitiert Gauland ausgerechnet Ayatollah Khomenei mit der Aussage: der Islam sei politisch. Das ist ungefähr so, als würde der RAF-Mitbegründer Andreas Baader zitiert werden als Quelle für die richtige Definition von Demokratie. Nicht die Verfassungstreue von Mesut Özil steht in Frage, sondern die von Alexander Gauland. Mesut Özil bezweifelt nicht, dass jemand, der christlich glaubt oder gar nicht glaubt, in einer säkularen Demokratie gut aufgehoben ist und die gleichen Rechte und den gleichen Schutz des Staates verdient. Mesut Özil praktiziert seinen Glauben – ohne die anderen Praktiken und Überzeugungen von anderen Menschen als illoyal oder undemokratisch abzuqualifizieren.

Besondere Kapriolen schlug die Debatte schließlich, als Frauke Petry einerseits Mesut Özil vorwarf, seine Pilgerreise auch durch sein Foto auf Twitter öffentlich gemacht zu haben (als sei Glaube etwas, das nur heimlich gelebt werden darf), um ihm dann wiederum vorzuwerfen, er lebe nicht »nach den Regeln der Sharia«, denn die Frauen an seiner Seite seien unverschleiert. Es ist ein wenig unklar, was Mesut Özil eigentlich vorgehalten wird: dass er ein gläubiger Muslim ist oder dass er kein gläubiger Muslim ist. In jedem Fall wird deutlich, dass es die AfD ist, die nicht nur definieren will, was eine Demokratie ausmacht (entgegen den grundgesetzlichen Bestimmungen), sondern auch, was einen Muslim ausmacht. Dabei entspricht offenbar nur ein fundamentalistischer Islamist der AfD-Vorstellung von einem Muslim. Ein offener, toleranter gläubiger Mensch, der sich – wie die meisten Gläubigen anderer Religionen auch – an bestimmte Regeln hält, andere wiederum mal befolgt und mal nicht und wieder andere schlicht für altmodisch oder unpraktisch hält – der kann für Frauke Petry kein Muslim sein.

Anmerkungen

1 Jacques Derrida, »Schibboleth«, Wien 2012, S. 49.
2 Unterschiede in Praktiken und Überzeugungen des Glaubens finden sich zudem nicht nur zwischen religiösen Gemeinschaften, sondern auch *innerhalb* einer jeden. Glaube in der Moderne ist immer auch – jenseits aller theologischen Lehre – *gelebter* Glaube und darin, über verschiedene Generationen oder Regionen hinweg, facettenreicher und beweglicher, als es die jeweiligen kanonischen Texte oder das jeweilige Lehramt vorgeben mögen. Grundsätzlich gilt auch für religiöse Gemeinschaften, dass *kein Zwang* ausgeübt werden darf. Das verlangt, dass für diejenigen, die hineingeboren wurden in eine Gemeinschaft, mit deren Regeln sie nicht übereinstimmen können oder wollen, eine *Exit-Option* bereitsteht: dass Mitglieder oder Angehörige also aussteigen können, wenn sie nicht glauben können oder wollen, wenn die Vorgaben sie vielleicht überfordern oder sie gar in ihren Rechten als eigenständige Subjekte missachten. Glauben zu dürfen (oder zu können) wie nicht glauben zu dürfen (oder zu können) sind gleichermaßen schützenswerte individuelle Rechte (oder Gaben). Der Zugang zum Glauben und einer religiösen Gemeinschaft darf nicht erzwungen werden.
3 Tzvetan Todorow, »Die Eroberung Amerikas. Das Problem des Anderen«, Frankfurt am Main 1985, S. 177.
4 Bevor darüber ein Missverständnis aufkommt: Natürlich können solche Ausgrenzungen manchmal auch mehrheitlich, durch Volks-

entscheide oder parlamentarische Wahlen autorisiert sein. Aber das ändert nichts an ihrem potentiell illiberalen, normativ fragwürdigen Charakter. Auch demokratische Entscheidungen werden in einem Rechtsstaat eingefasst und eingegrenzt durch menschenrechtliche Garantien. Aber dazu später mehr.

5 Im Liberalismus dagegen zeigt sich ein gewisser Pragmatismus: Das Volk delegiert seine Souveränität an gewählte Vertreterinnen und Vertreter. In der Bundesrepublik wird die Staatsgewalt des Volkes, so formuliert es das Grundgesetz, nur »in Wahlen und Abstimmungen und durch besondere Organe der vollziehenden Gewalt und der Rechtsprechung ausgeübt« (GG Art. 20, Abs. 2). Siehe auch zu einer Reformulierung des Begriffs der Volkssouveränität durch ein diskurstheoretisch erweitertes Konzept der demokratischen Willensbildung: Jürgen Habermas, »Faktizität und Geltung«, Frankfurt am Main 1992, S. 349–399.

6 Vgl. »Das Imaginäre der Republik II: Der Körper der Nation«, in: Koschorke / Lüdemann / Frank / Matala de Mazza, »Der fiktive Staat«, Frankfurt am Main 2007, S. 219–233.

7 Ausführlicher zu der Frage des Kopftuchs siehe: Carolin Emcke, »Kollektive Identitäten«, Frankfurt am Main 2000, S. 280–285.

8 Ebd.

9 So die schöne Formulierung von Gustav Seibt in: http://www.sueddeutsche.de/kultur/alternative-fuer-deutschland-sprengstoff-1.2978532

10 Warum hingegen kulturelle Diversität nicht nur politisch oder demokratisch erwünscht, sondern auch von ökonomischem Vorteil sein kann, darüber gibt es einige Studien. Vgl. http://www.nber.org/papers/w17640 oder https://www.americanprogress.org/issues/labor/news/2012/07/12/11900/the-top-10-economic-facts-of-diversity-in-the-workplace/

11 Für Marine Le Pen vom »Front National« beispielsweise liegt das »ursprüngliche«, »echte« Frankreich mindestens vor dem historischen Beitritt zur Europäischen Union, womöglich auch zu der Zeit de Gaulles. Frankreich ist nicht Frankreich, wenn es eingebunden ist in die EU (oder die NATO). Vor allem aber verortet Marine Le Pen das »richtige« Frankreich in jener historischen Zeit, in der es keine muslimischen Franzosen gab. Wenn Le Pen die kulturelle und religiöse Vielfalt im Frankreich der Gegenwart kritisiert, dann unterstellt sie gern, es habe das irgendwann einmal gegeben: eine

wirklich homogene französische Nation mit einer einheitlichen – wie auch immer definierten – Identität. Deswegen gilt Le Pen die Abstammung als entscheidendes Merkmal für das Recht auf französische Staatsangehörigkeit – und nicht, wie es in der Fünften Republik Gesetz ist, der Geburtsort.

12 Benedict Anderson, »Imagined Communities«, London / New York 1983/1991, S. 6. Eigene Übersetzung. Das Zitat lautet im Orginal: »*It is imagined because even the members of the smallest nations will never know most of their fellow members, meet them or even hear of them, yet in the minds of each lives the image of their communion.*«

13 http://www.spiegel.de/panorama/gesellschaft/pegida-anhaenger-hetzen-gegen-nationalspieler-auf-kinderschokolade-a-1093985.html

14 http://www.antidiskriminierungsstelle.de/SharedDocs/Downloads/DE/publikationen/forschungsprojekt_diskriminierung_im_alltag.pdf?__blob=publicationFile

15 »Boateng will jeder haben«, Interview mit Alexander Gauland, im: *SPIEGEL* 23/2016, S. 37.

ANHANG

RAINER ERLINGER

»Willkommen. Höflichkeit zwischen den Kulturen«, aus: ›Höflichkeit. Vom Wert einer wertlosen Tugend‹, erschienen bei S. FISCHER, © S. Fischer Verlag GmbH, Frankfurt am Main 2016, S. 240–263.

Rainer Erlinger, geboren 1965, ist Mediziner und Jurist. Nach seinen Tätigkeiten als wissenschaftlicher Mitarbeiter, Arzt und Rechtsanwalt arbeitet er jetzt als Publizist vor allem auf dem Gebiet der Ethik. Einem großen Publikum ist er durch seine Kolumne »Die Gewissensfrage« im Magazin der »Süddeutschen Zeitung« bekannt geworden, in der er allwöchentlich die kleinen und großen Ethikprobleme seiner Leser erörtert. Im S. Fischer Verlag ist zuletzt erschienen ›Höflichkeit. Vom Wert einer wertlosen Tugend‹ (2016), ›Moral. Wie man richtig gut lebt‹ (2012), sowie im Fischer Taschenbuch ›Gewissensbisse. Antworten auf moralische Fragen des Alltags‹ (2011) und ›Nachdenken über Moral. Gewissensfragen auf den Grund gegangen‹ (2012).

CHARLOTTE KLONK

»Bildethik. Zum Umgang mit Terrorbildern«, aus: ›Terror. Wenn Bilder zu Waffen werden‹, erschienen bei S. FISCHER, © S. Fischer Verlag GmbH, Frankfurt am Main 2017, S. 213–222.

Charlotte Klonk, geboren 1965, studierte Kunstgeschichte an den Universitäten von Hamburg und Cambridge. Nach ihrer Promotion war sie Junior Research Fellow am Christ Church, Oxford University, und Lecturer an der University of Warwick. Seit 2011 ist sie Professorin für Kunstgeschichte an der Humboldt-Universität in Berlin.

ILIJA TROJANOW

»Vier Jahre Allympics«, aus: ›Meine Olympiade. Ein Amateur, vier Jahre, 80 Disziplinen‹, erschienen bei S. FISCHER, © S. Fischer Verlag GmbH, Frankfurt am Main 2016, S. 19–36.

Ilija Trojanow, geboren 1965 in Sofia, floh mit seiner Familie 1971 über Jugoslawien und Italien nach Deutschland, wo sie politisches Asyl erhielt. 1972 zog die Familie weiter nach Kenia. Unterbrochen von einem vierjährigen Deutschlandaufenthalt lebte Ilija Trojanow bis 1984 in Nairobi. Danach folgte ein Aufenthalt in Paris. Von 1984 bis 1989 studierte Trojanow Rechtswissenschaften und Ethnologie in München. Dort gründete er den Kyrill & Method Verlag und den Marino Verlag. 1998 zog Trojanow nach Mumbai, 2003 nach Kapstadt, heute lebt er, wenn er nicht reist, in Wien. Seine bekannten Romane wie z. B. ›Die Welt ist groß und Rettung lauert überall‹, ›Der Welten-

sammler‹ und ›Eistau‹ sowie seine Reisereportagen wie ›An den inneren Ufern Indiens‹ sind gefeierte Bestseller und wurden mit zahlreichen Preisen ausgezeichnet. Zuletzt erschienen bei S. Fischer sein großer Roman ›Macht und Widerstand‹ und sein Sachbuch-Bestseller ›Meine Olympiade: Ein Amateur, vier Jahre, 80 Disziplinen‹ sowie eine Neuauflage des Taschenbuchs ›Kampfabsage. Kulturen bekämpfen sich nicht, sie fließen zusammen‹, das er mit Ranjit Hoskote zusammen schrieb.

MATTHIAS WOLFSCHMIDT

»Nutztierhaltung – ohne Zukunft?«, aus: ›Das Schweinesystem. Wie Tiere gequält, Bauern in den Ruin getrieben und Verbraucher getäuscht werden‹, erschienen bei S. FISCHER, © S. Fischer Verlag GmbH, Frankfurt am Main 2016, S. 13–22.

Matthias Wolfschmidt, Jahrgang 1965, studierte Veterinärmedizin in München, ist approbierter Tierarzt und erwarb zwischen 1998 und 2001 den Master of Science in Pharmaceutical Medicine an der Universität Witten-Herdecke. Bevor er 2002 zur Verbraucherorganisation foodwatch kam, arbeitete er seit 1995 als wissenschaftlicher Mitarbeiter im Bundestag, zuletzt in der Enquete-Kommission »Recht und Ethik der modernen Medizin«. Seit 2005 ist er bei foodwatch stellvertretender Geschäftsführer und leitet in Zusammenarbeit mit Geschäftsführer Thilo Bode das foodwatch-Team.

REMO H. LARGO

»Unsere Individualität solidarisch leben«, aus: ›Das passende Leben. Was unsere Individualität ausmacht und wie wir sie leben können‹, erschienen bei S. FISCHER, © S. Fischer Verlag GmbH, Frankfurt am Main 2017, S. 11–18.

Remo H. Largo, geboren 1943 in Winterthur, studierte Medizin an der Universität Zürich und Entwicklungspädiatrie an der University of California. Seit 1978 leitete er die Abteilung »Wachstum und Entwicklung« an der Universitäts-Kinderklinik Zürich. Die Zürcher Longitudinalstudien, die er dort verantwortete, sind international einzigartig und gehören zu den umfassendsten Studien in diesem Bereich. Er ist Autor zahlreicher wissenschaftlicher Arbeiten und Bestseller, die sich mit der menschlichen Entwicklung befassen. Remo Largos Bücher (u. a. ›Babyjahre‹, ›Schülerjahre‹, ›Jugendjahre‹) gelten als Klassiker der Erziehungsliteratur.

GÜNER YASEMIN BALCI

»Nachricht von einem Unbekannten«, aus: ›Das Mädchen und der Gotteskrieger‹, erschienen bei S. FISCHER, © S. Fischer Verlag GmbH, Frankfurt am Main 2016, S. 75–86.

Güner Yasemin Balci wurde 1975 in Berlin-Neukölln geboren. Bis 2010 war sie Fernsehredakteurin beim ZDF, heute arbeitet sie als freie Autorin und Fernsehjournalistin. 2012 erhielt sie für ihre Reportage ›Tod einer Richterin‹ den Civis-Fernsehpreis. 2016 erschien ihr Dokumentarfilm ›Der Jungfrauenwahn‹ (Arte/ZDF). Balci ist Kolumnistin für die »Stuttgarter Nach-

richten«, ihre Texte erschienen u. a. in der »Zeit« und im »Spiegel«; im Deutschlandradio und Deutschlandfunk sind ihre politischen Features gesendet worden. Ihre Bücher bauen auf den Erfahrungen ihrer langjährigen Arbeit mit Jugendlichen aus türkischen und arabischen Familien in Neuköllns sozialen Brennpunkten auf: ›Arabboy‹ (2008), ›ArabQueen‹ (2010) und ›Aliyhas Flucht‹ (2012). Zuletzt erschien von ihr bei S. Fischer ›Das Mädchen und der Gotteskrieger‹ (2016).

ANDRE WILKENS

»Ein Fall für Freud«, aus: ›Der diskrete Charme der Bürokratie. Gute Nachrichten aus Europa‹, erschienen bei S. FISCHER, © S. Fischer Verlag GmbH, Frankfurt am Main 2017, S. 52–75.

Andre Wilkens wurde 1963 geboren und ist in Ostberlin aufgewachsen. Der studierte Politikwissenschaftler hat viele Jahre in Brüssel, London, Turin und Genf gelebt und dort für die EU, Stiftungen und die UNO gearbeitet. Bis 2015 leitete er das ProjektZentrum Berlin der Stiftung Mercator. Davor hat er das Open Society Institute (OSI) der Soros Stiftung in Brüssel geleitet sowie die Aktivitäten von Soros in Europa koordiniert. Er ist zudem Initiator und Gründungsmitglied des European Council for Foreign Relations. Weitere berufliche Stationen waren die European Training Foundation in Turin sowie Positionen bei der Europäischen Kommission und dem Europäischen Parlament in Brüssel. Er ist Mitglied der Initiative »Die offene Gesellschaft«. Bekannt wurde er als Autor des Buches ›Analog ist das neue Bio‹ (Fischer Taschenbuch Verlag). Er lebt mit seiner deutsch-englischen Familie in Berlin.

ANDREAS KRAß

»Die versteckten Hemden: Ennis del Mar und Jack Twist«, aus: ›Ein Herz und eine Seele. Geschichte der Männerfreundschaft‹, erschienen bei S. FISCHER, © S. Fischer Verlag GmbH, Frankfurt am Main 2016, S. 344–355.

Andreas Kraß, geb. 1963, lehrt nach einer Professur für Ältere Deutsche Literatur an der Goethe-Universität Frankfurt am Main seit 2012 Ältere Deutsche Literatur mit dem Schwerpunkt Literatur des hohen Mittelalters an der Humboldt-Universität zu Berlin. Im S. Fischer Verlag ist zuletzt von ihm erschienen ›Meerjungfrauen. Geschichten einer unmöglichen Liebe‹ (2010) sowie im Fischer Taschenbuch Verlag der gemeinsam mit Thomas Frank herausgegebene Band ›Tinte und Blut. Politik, Erotik und Poetik des Martyriums‹ (2008).

CHRISTINE OTT

»La deutsche Vita: Ist das Essen in Deutschland wirklich so schlecht?«, aus: ›Identität geht durch den Magen. Mythen der Esskultur‹, erschienen bei S. FISCHER, © S. Fischer Verlag GmbH, Frankfurt am Main 2017, S. 270–290.

Christine Ott studierte Romanistik und Germanistik in Eichstätt und Saint-Étienne und war dann an den Universitäten Heidelberg, Marburg und Harvard tätig. 2009 habilitierte sie sich mit einer Studie über die Bibliophagen. Seit 2011 ist sie Professorin für Italienische und Französische Literaturwissenschaft an der Goethe-Universität Frankfurt am Main.

KARL-HEINZ GÖTTERT

»Die hebräische Bibel«, aus: ›Luthers Bibel. Geschichte einer feindlichen Übernahme‹, erschienen bei S. FISCHER, © S. Fischer Verlag GmbH, Frankfurt am Main 2017, S. 29–42.

Karl-Heinz Göttert, geboren 1943, studierte Geschichte und Deutsch an der Universität zu Köln, promovierte und habilitierte sich dort und lehrte ebenfalls dort bis zu seiner Emeritierung als Professor für Ältere Deutsche Literatur. Im S. Fischer Verlag ist zuletzt ›Abschied von Mutter Sprache. Deutsch in Zeiten der Globalisierung‹ (2013) erschienen sowie ›Mythos Redemacht. Eine andere Geschichte der Rhetorik‹ (2015).

HARALD WELZER

»Überwachung«, aus: ›Die smarte Diktatur. Der Angriff auf unsere Freiheit‹, erschienen bei S. FISCHER, © S. Fischer Verlag GmbH, Frankfurt am Main 2016, S. 11–19.

Harald Welzer, geboren 1958, ist Direktor von Futurzwei – Stiftung Zukunftsfähigkeit, Professor für Transformationsdesign an der Universität Flensburg. Daneben lehrt er an der Universität St. Gallen. In den Fischer Verlagen sind von ihm erschienen: ›»Opa war kein Nazi«. Nationalsozialismus und Holocaust im Familiengedächtnis‹ (zus. mit S. Moller und K. Tschuggnall, 2002), ›Täter. Wie aus ganz normalen Menschen Massenmörder werden‹ (2005), ›Soldaten. Protokolle vom Kämpfen, Töten und Sterben‹ (zus. mit Sönke Neitzel, 2011), ›Der FUTURZWEI-Zukunftsalmanach 2015/16‹ (2014), ›Selbst denken‹ (2013),

›Autonomie. Eine Verteidigung‹ (zus. mit Michael Pauen, 2015) und zuletzt ›Die smarte Diktatur. Der Angriff auf unsere Freiheit‹. Seine Bücher sind in 21 Ländern erschienen.

CAROLIN EMCKE

»Homogen«, aus: ›Gegen den Hass‹, erschienen bei S. FISCHER, © S. Fischer Verlag GmbH, Frankfurt am Main 2016, S. 109–134.

Carolin Emcke, geboren 1967, studierte Philosophie in London, Frankfurt am Main und Harvard. Sie promovierte über den Begriff »kollektiver Identitäten«. Von 1998 bis 2013 bereiste Carolin Emcke weltweit Krisenregionen und berichtete darüber. 2003/2004 war sie als Visiting Lecturer für Politische Theorie an der Yale University. Sie ist freie Publizistin und engagiert sich immer wieder mit künstlerischen Projekten und Interventionen, u. a. die Thementage »Krieg erzählen« am Haus der Kulturen der Welt. Seit über zehn Jahren organisiert und moderiert Carolin Emcke die monatliche Diskussionsreihe »Streitraum« an der Schaubühne Berlin. Für ihr Schaffen wurde sie mehrfach ausgezeichnet, u. a. mit dem Theodor-Wolff-Preis, dem Otto-Brenner-Preis für kritischen Journalismus, dem Lessing-Preis des Freistaates Sachsen und dem Merck-Preis der Deutschen Akademie für Sprache und Dichtung. 2016 erhielt sie den Friedenspreis des Deutschen Buchhandels. Bei S. Fischer erschienen ›Von den Kriegen. Briefe an Freunde‹, ›Stumme Gewalt. Nachdenken über die RAF‹, ›Wie wir begehren‹, ›Weil es sagbar ist: Über Zeugenschaft und Gerechtigkeit‹ sowie ›Gegen den Hass‹.